**파독 광산근로자의 삶과
글로벌 모빌리티**

파독 광산근로자의 삶과 글로벌 모빌리티

초판 인쇄 2023년 8월 25일
초판 발행 2023년 8월 30일

지은이   배진숙
펴낸이   이찬규
펴낸곳   북코리아
등록번호   제03-01240호
주소   13209 경기도 성남시 중원구 사기막골로 45번길 14
        우림라이온스밸리2차 A동 1007호
전화   02-704-7840
팩스   02-704-7848
이메일   ibookorea@naver.com
홈페이지   www.북코리아.kr
ISBN   978-89-6324-805-9 (93300)

값   17,000원

파독 광산근로자의 삶과 글로벌 모빌리티

한인사회의 주춧돌을 놓다

배진숙 지음

북코리아

이 책을 사랑하고 존경하는 나의 아버지께 바칩니다.

머리말: 파독 60주년을 맞이하며

이 책은 1960~1970년대에 광산근로자('광부')로 독일로 노동이주를 했다가 한국으로 돌아가지 않고 독일에 정착했거나 미국, 캐나다로 다시 한번 이민길에 올랐던 한인 디아스포라(Korean Diaspora)의 삶의 여정을 담고 있다. 독일, 미국, 캐나다에서의 현지 조사를 통해 수집한 생생한 구술자료를 바탕으로 파독 광산근로자의 글로벌 이주의 추이와 경로, 각국에서의 사회경제적 정착 과정, 그리고 초기 재외한인사회의 형성과 발전에 있어서 이민 선구자(先驅者)로서의 기여에 대해 밝히고 재조명하고자 한다.

이 책은 오랜 기간에 걸친 노력의 산물이며 다수의 파독 광산근로자가 구술 면담자로 연구에 참여해주셨다. 필자 개인적으로는 시간강사 시절부터 녹음기 하나 들고 유럽과 북미를 발로 뛰며 오랫동안 공들여 작업한 일련의 연구 결과물을 한 권의 책으로 묶어서 내놓는 것이다. 1963년 12월 광산근로자 제1진이 독일행 비행기에 몸을 실으며 시작된 파독 역사는 세월이 흘러 올해 2023년은 파독 60주년이 되는 기념비적인 해다. 어느새 60주년을 맞은 파독 광산근로자의 그 뜨겁고 치열했던 삶과 제대로 기록되지 못한 부분을 보충하여 이주 역사를 기념하고, 기억하고, 축하하고, 감사하고 싶은 마음에서 이 책을 준비하게 되었다.

2022년 9월 한국계 존 리(John Lee) 판사가 미국 시카고 연방 제7항소법원에 첫 아시아계 판사로 임용되었고, 이에 대해 더빈 미 상원의원(U.S. Senator Dick Durbin of Illinois)은 "아메리칸 드림의 구현(embodiment of the American dream)"이라고 칭했다. 존 리 판사는 1960년대 파독 광산근로자로 독일로 갔다가 그 이후에 시카고로 건너간 이선구 씨와 파독 간호사 출신 이화자 씨의 맏아들로 독일 아헨(Aachen)에서 태어나 네 살 때 미국으로 이민을 왔다(김현, 2022).

한 곳에서 다른 곳으로 옮겨가는 일이 '이주(migration)'이며, 처음 이주한 곳에 계속 머무르지 않고 또다시 다른 지역으로 이주하는 것은 '재이주(re-migration)'다. 국경을 넘는 국제이주는 양 국가 간에 단 한 차례 발생하기도 하지만, 때로는 1차 이주가 재이주의 형태로 발전하기도 한다.

한국 정부는 1963~1977년 광산근로자 7,936명을, 1966~1976년까지 간호인력 10,723명을 독일에 파견했다(재독동포50년사편찬위원회, 2015). 애초에는 초기 계약 3년 만료 후 다시 한국으로 돌아가야 할 손님(Gastarbeiter)으로 독일에 초청되었는데, 이들 파독 근로자 중 일부(40%)는 계약 기간 이후 한국으로 귀환했지만 40%는 독일에 잔류했고 20%는 제3국으로 재이주했다. 독일이 출발점이 되어 파독 근로자의 이주가 공간적으로 확대되어 거주지 분포가 미국, 캐나다, 호주 등으로까지 다양화되었다. 가난한 모국을 떠나 독일로 간 이들 파독 근로자 출신 1세대 한인은 이제 노년기에 접어들었고, 현지 정착과 자녀 교육에 힘을 쏟아서 존 리 판사의 경우처럼 많은 2세가 여러 해외 국가의 주류사회에서 급격한 사회적 상승을 이루었다.

한국 근로자들이 독일로 파견되었던 1960년대 한국의 경제지표는 1인당 GNP 87달러, 한국은행 외화보유 잔고 2,300만 달러, 연간 물가상승률 42%, 실업률 23%, 민간저축률 3%였고 이는 세계적 수준으로 비교해보아도 평균 이하의 수치였다(한국파독광부총연합회, 2009). 당시 국내 실업률이 매우 높았고 독일에서의 취업으로 인한 경제적 이익이 한국의 임금수준으로 볼 때 상당한 것이어서 파독 근로자 선발에서는 경쟁률이 상당히 높았다. 파독 근로자는 독일 지하 광산과 병원의 어려운 근무환경을 참고 견뎌내며 성실하게 일했다. 파독 근로자가 1965년부터 1975년까지 독일에서 모국으로 송금한 액수는 총 1억 153만 달러에 달했고, 1965~1967년 송금액의 경우 당시 총수출액의 1.6~1.8%에 해당한다. 파독 근로자의 송금은 가계경제뿐 아니라 국가경제 차원에서 외화보유 증가를 통해 한국 경제발전에 크게 기여했다고 평가된다(재독동포50년사편찬위원회, 2015).

한국의 근대화와 산업발전에 끼친 파독 근로자의 기여에 대해서는 많은 관심이 쏟아졌지만, 상대적으로 이들의 해외 진출, 특히 독일 이외 지역으로의 진출과 현지 한인사회 기여에 관한 연구는 매우 미진하다. 본 저술은 글로벌한 층위에서의 논의를 통해 파독 광산근로자의 국제적 이동성의 다반향성(multi-directionality)에 주목하고, 파독 광산근로자의 독일로의 이주와 미국과 캐나다로의 재이주 현상과 정착 경험에 관해 실증적으로 다룸으로써 바로 이러한 지적 공백을 채워주는 역할을 담당할 것이다.

책의 전체적인 목차는 현지 조사를 진행한 순서에 따라 순차적으로 구성되었다. 즉, 필자가 파독 광산근로자 연구를 위해 2019년 초에는 미국을 방문했고, 2020년 초에 독일과 캐나다에 갔는데 이러한 연구 여정에 따라 책의 내용이 구성되었다. 이제 와서 돌이켜보면 연구

시기가 조금만 늦어졌어도 코로나19 팬데믹의 본격적인 창궐로 인해 현지 조사 자체가 불가능했을 것이다. 연구 조사 동안 보람을 느끼는 일만 있었던 것이 아니라 심신이 극도로 지치고 소진되는 듯한 순간들도 있었는데, 현지 조사를 할 수 있었다는 사실이 새삼 감사하다. 그리고 이 책에서 미처 다루지 못한 프랑스, 호주 등에서의 파독 광산근로자들의 이주 경험은 후속 연구로 계속되기를 바라는 마음이다.

기존에 분산되어 발표한 논문들을 모아 단행본으로서의 체계를 부여하고 수정·보완하여 책으로 묶어 내게 되었다. 애초에 학술적 논문으로 쓰인 글들이기 때문에 파독 광산근로자들의 삶과 여정을 조망할 이론적 논의가 포함되어 있고 내용이 다소 딱딱한 부분도 있을 것이다. 하지만 가장 역점을 둔 것은 파독 광산근로자의 생생한 목소리를 담았다는 점이다. 또한, 필자가 직접 촬영한 광산근로자의 사진과 관련 신문 기사를 함께 수록했다. 각국으로 흩어진 파독 광산근로자의 삶의 여정의 다양성과 복합성을 포착·복원하고, 입체적으로 파악하고자 최선을 다해 노력했다. 파독 광산근로자들이 세계 곳곳에서 겪었던 복수의 삶을 당사자를 통한 증언과 이와 관련된 이론 및 경험적 연구성과를 종합적으로 소개할 수 있게 되었다는 점에서 본 저술의 의의가 있다고 하겠다.

이 책은 총 4개 장으로 구성되어 있고 지역별로 제1부와 제2부는 미국, 제3부는 캐나다, 그리고 제4부는 독일과 관련되어 있으며, 주제로는 파독 광산근로자의 독일에서의 경제적 적응, 북미로의 재이주와 재적응, 그리고 독일·미국·캐나다 한인사회 형성과 발전에 대한 기여로 이루어져 있다. 그리고 마지막 부는 파독 근로자들이 이제는 70~80대에 접어들었다는 점을 고려하여 디아스포라의 고령화와 노후 생활에 관한 문제를 다룬다. 파독 광산근로자의 글로벌 이주와 재외한인으로서의 삶을 이해하기 위해서는 한국인의 독일, 미국, 캐나다로의 이주사와 각국에서의 한인사회 형성에 대한 역사적 배경에 대한 이해가 선행되어야 한다. 각 장의 이론적·역사적 배경 부분에 각국 한인사회의 역사와 현황에 관한 자세한 정보를 담고 있기 때문에 후학들에게 재외동포와 관련하여 많은 교육 및 참고 자료가 되리라 생각한다.

제1부 '파독 광산근로자의 미국으로의 재이주 경험'과 제2부 '재미한인사회에 기여한 파독 광산근로자'에는 필자가 2019년 1월 28일에서 2월 23일 사이에 미국을 방문하여 파독 광산근로자 출신 재미한인 32명을 대상으로 면담한 결과의 분석 내용을 담고 있다. 재미한인의 대표적인 코리아타운이 형성되어 있고 파독 광산근로자들의 재이민 지역으로 가장 선호되었던 시카고와 로스앤젤레스를 현지 조사 대상으로 한다.

필자는 2019년 설날 즈음 로스앤젤레스에 도착한 바로 다음 날 미주 중앙·한국일보를 찾았다. 문헌과 신문자료를 바탕으로 파독 근로자에 관한 연구를 기획했지만, 당시에는 단 한 분의 파독 광산근로자도 알고 있지 못했다. 그런데 한인 신문에 연구 관련 기사가 나가고 전화가 걸려오기 시작했다. 정해진 일정 내에 한 분도 못 뵙고 가면 어쩌나 얼마나 긴장하고 간절한 마음으로 기도했는지 모른다. 미주언론 기사는 온라인상으로도 열람할 수 있어서 캘리포니아 지역뿐 아니라 미국 전역에 거주하는 독일에서 건너오신 분들이 전화하셔서 "잊지 않고 찾아줘서 고맙다"고 하셨다.

제1부 '파독 광산근로자의 미국으로의 재이주 경험'에서는 한국에서 독일로 떠났던 젊은 한국 남성들이 왜, 그리고 어떻게 독일에서 미국으로 다시 옮겨갔는지 이들의 초국적 이동에 주목한다. 또한, 미국으로 재이주한 이후 어떤 직종에 종사했는지, 새로운 보금자리를 만들기

위해 고투(苦鬪)한 사회경제적 정착 과정에 대해서도 분석한다.

재이주를 결심하고 실행하는 과정에는 한국, 독일, 미국에서의 이민법과 이주 정책, 그리고 경제적 기회가 복합적으로 영향을 주었다. 또한, 광산근로자 상호 간 혹은 광산근로자와 간호사 간의 결합으로 인한 이주 네트워크(migrant network) 형성과 활성화가 재이주 과정에 많은 영향을 끼쳤다. 본격적인 코리아타운 형성 이전인 1960년대 중반부터 미국에 도착한 광산근로자들의 가장 보편적인 직업 변화의 패턴으로는 독일에서와 같이 주류경제의 노동자층으로 경제적 적응을 시작하여 창업자본을 축적해서 자영업을 시작하는 것이었다.

제2부 '재미한인사회에 기여한 파독 광산근로자'에서는 이전 독일에서의 노동 경험과 연결망을 바탕으로 미국에서 조직된 파독 광산근로자들의 모임인 '동우회'의 결성과 활동, 그리고 파독 광산근로자의 재미한인공동체 형성과 발전에서의 역할과 기여에 관해 고찰한다.

파독 광산근로자들은 미국으로 재이주한 후 1970년대에 접어들어서는 개인사업을 통해 축적한 경제력과 동우회의 조직력을 바탕으로 한인 커뮤니티를 주도적으로 이끌어나갔다. 이민 초기 여러 한인 단체를 새로이 조직하거나 핵심 구성원으로서 한인 커뮤니티 활동에 적극적으로 참여했다. 파독 광산근로자들에 의해 세워진 한인 식품점 같은 초기 사업체는 코리아타운 상권 형성의 초석이 되었으며, 지리적인 것뿐만 아니라 사회적인 거점 역할을 했고, 인접 지역으로 다른 한인 업체의 유입을 가속화했다. 이들의 경제적 활동 범위는 코리아타운에만 국한되지 않고 소수민족, 다민족을 대상으로 다양한 업종의 사업에도 종사했다. 또한, 두 도시에서의 공간적 특징이 파독 광산근로자의 경제적 적응과 사업 규모 그리고 동우회 모임의 지속에 영향을 미쳤다. 파독 광산근로자들이 직접적으로 재미한인사회에 기여한 바도 크지만 후속 이민의 기반을 마련함으로써 한인공동체의 형성과 확장에 중요한 역할을 담당했다.

이상과 같이 제1부와 제2부가 미국으로 재이주한 파독 광산근로자들의 삶과 경험에 관한 것이라면, 그다음으로 제3부 '파독 광산근로자의 캐나다 진출과 한인사회에 대한 기여'에서는 캐나다 사례를 본격적으로 다루고 있다. 필자가 2020년 2월 초·중순경에 캐나다 토론토를 방문하여 21명의 파독 광산근로자 출신 재캐나다 한인을 면담해서 수집한 구술, 신문자료 등을 바탕으로 한다.

파독 광산근로자의 독일에서 캐나다로의 국가 간 이동에 주목하여 이들의 이주 동기와 경로, 재정착 과정, 그리고 재캐나다 한인공동체에서의 역할과 기여에 관해 살펴보았다. 1960년대 중반경 미국과 캐나다는 과거의 인종차별적인 이민법을 폐지하고 모든 국가에 평등한 이민법을 제정했다. 이러한 당시 수용적이던 캐나다 이민정책이 파독 광산근로자들이 독일에서 캐나다로 다시 건너가는 주요 사유 중의 하나가 되었고, 또한 귀국 후의 경제적 불투명, 독일에서의 장기체류의 어려움 등과 같은 요인에 의해서도 재이주를 감행했다. 파독 광산근로자들은 캐나다 이주 초기에는 주로 직장 생활을 통해 창업자본을 축적했고, 이를 통해 자영업을 시작했다. 한국에서의 가족 초청과 다양한 한인 단체 활동을 통해 한인사회에 적극적으로 관여했고 많은 기여를 했다.

캐나다의 경우 1970년대 중반부터 토론토 다운타운 블루어 스트리트(Bloor Street)에 코리아타운이 형성되기 시작했다. 미국 사례에서처럼 캐나다 최초 코리아타운인 블루어 코리아타운 형성에도 파독 근로자들이 설립한 식품점의 역할이 컸다. 또한, 양국에서의 경험에 차이점도 있다. 파독 근로자들은 미국에서의 경제적 정착 과정에서 재이주

후 청소업, 봉제업, 가발업 등 비교적 다양한 업종의 자영업에 종사하는 경향을 보였는데, 이에 비해 캐나다 한인의 경제활동에서 가장 두드러진 특징 중의 하나는 편의점 종사율이 상당히 높다는 점이다. 미국과 비견해서 한인의 규모가 크지 않았기 때문에 에스닉 경제(ethnic economy)를 바탕으로 경제적 부흥을 꾀하거나 업종의 다양화가 이루어졌다기보다는 코리아타운에 국한하지 않고 토론토 전역에 산재하여 편의점 경영을 통해 자본축적을 한 경향을 보였다. 한인의 편의점 사업 종사와 관련하여 '온타리오한인실업인협회(OKBA, Ontario Korean Businessmen's Association)'의 활동과 기여가 매우 중요하다.

파독 광산근로자들은 한국에서 독일로의 1차 이주와 유사한 맥락에서 모국에서의 제한된 경제적 기회를 독일에서 미국이나 캐나다로의 2차 이주를 통해 극복하고자 했다. 필자가 북미에서의 현지 조사 과정에서 천착한 주요 질문 중의 하나는 "독일에서 습득한 직업 경험이 북미에서 활용되거나 초기 정착에 도움을 주지는 않았는지요?"였다. 한국에서 북미로 바로 건너온 이민자들에 비견해서 파독 광산근로자들은 이미 한 차례 낯선 땅에서 주류경제 노동자로 타민족과 함께 직장 생활을 한 경험이 있었고, 이는 미국과 캐나다 정착 과정에 도움이 되었다.

파독 광산근로자들의 예전 증언에 따르면 독일에서 지열이 40℃를 오르내리는 막장에서 서구인 체형에 맞춰 제작된 탄광 기계와 도구를 사용해서 체력의 한계를 느끼면서도 일했고, 탄가루를 반찬 삼아 점심 식사를 해야 했으며, 땀이 범벅이 된 얼굴에 이미 새까만 탄가루로 화장이 되어 있어 목욕하기 전에는 누가 누구인지 분간하기조차 힘들 정도였다고 한다(재독한인 Gluck Auf 친목회, 1997). 광산근로자들은 이와 같은 독일 생활을 통해 체력단련, 정신무장을 했고, 절약하는 습관을 체화했으며, 북미로 삶의 터전을 옮겨온 이후에 "훤한 지상에서 못 할 일은 없었다"라고 술회한다.

마지막 제4부 '파독 광산근로자의 이주, 독일 정착, 노후 생활'에서는 파독 광산근로자 중에서 독일에 남아 계속 거주한 재독한인의 이주 및 정착 경험을 살펴본다. 그리고 20~30대의 젊은 나이에 이주했던 광산근로자들이 70~80대가 될 정도로 이민역사가 길어지면서 1세대 이민자들이 이미 노년층이 되었다는 점을 고려하여 한인 디아스포라와 고령화 문제에 천착한다.

필자가 2020년 1월 말경부터 2월 초순 사이에 독일 뒤셀도르프(Düsseldorf), 에센(Essen), 캄프린트포르트(Kamp-Lintfort)와 함부르크(Hamburg)에서 35명의 전직 파독 광산근로자들을 대상으로 면담하여 수집한 자료를 바탕으로 한다. 독일에 잔류한 파독 광산근로자들은 한인 간호사와 결혼하거나 새로운 직장을 찾아서 원래 근무하던 광산이 있던 지역을 떠나 독일 내에서 지리적 이동을 했다. 소수는 일평생을 광산에서 근무하고 은퇴하기도 했지만, 대부분은 광산을 나와서 타 직종으로 전환했고 자영업에 종사했다. 파독 근로자는 독일 현지에서 민간차원에서 한독교류에 기여했고, 자녀들의 교육에 힘써서 재독한인 2세의 교육적·직업적 성취도는 상당히 높은 편이다. 또한, 제4부에서는 고령화한 재독한인 1세의 노후 실태에 관한 조사 결과를 바탕으로 지원에 관한 제언을 하는데, 이는 파독 광산근로자, 독일 한인 이주사, 재외한인 1세대의 고령화에 대한 이해 증진에 도움이 되리라 생각한다.

구술자료를 수집하는 과정에서 많은 분의 도움을 받고 신세를 졌다. 특히 로스앤젤레스의 이명갑, 이규호, 시카고의 한영준, 신길균, 손만성, 토론토의 구자선, 김세영, 정길수, 뒤셀도르프의 고창원, 유상근,

그리고 함부르크의 허채열, 신부영 선생님들께 많은 도움을 받았다. 일일이 열거할 수 없지만, 이 외에도 면담자 모집과 현지에서의 이동에 많은 도움을 주신 미주 한인신문 기자님들, 파독 광산근로자 모임 임원진들, 무엇보다 연구에 참여해주신 파독 광산근로자분들께 감사드린다. 이민 원로로서 파독 광산근로자 한분 한분이 각국 한인사회 역사의 증인이라고 할 수 있다. 이분들을 통해 파독 근로자 이주사뿐 아니라 각국 재외한인사회 이민사를 기록하고 성찰할 기회를 얻게 된 것에 무한한 감사를 드린다. 그리고 이 책이 출간될 수 있도록 애써주신 북코리아 출판사 이찬규 대표님과 편집진 선생님들께도 감사를 드린다.

2020년 코로나19가 창궐했을 즈음, 이 책의 출간을 그 누구보다 응원하고 기뻐하셨을 나의 아버지께서 소천하셨다. 큰딸의 꿈을 아낌없이 지원하고 사랑해주셨던, 날마다 사무치게 그리운 아버지께 이 책을 바친다. 그리고 가족을 위해 무한한 사랑과 희생을 베풀어주신 어머니, 그리고 사랑하는 가족들에게도 감사의 마음을 전하고 싶다.

마지막으로 대한민국 안팎에서 가족과 동포를 위해 애써주신 8천여 분의 파독 광산근로자께 다시 한번 고개 숙여 감사드린다. 파독 60주년, 이 한 권의 책에 파독 광산근로자의 세계 곳곳에서의 눈물과 땀, 애환과 성취의 기록을 전부 담기에는 턱없이 부족하지만, 이 책을 통해 일반 내국인과 재외동포 차세대가 파독 광산근로자의 연속적 이주와 정착, 기여에 관한 이해의 폭을 넓힐 수 있기를 기대해본다. 또한, 파독 광산근로자와 관련한 많은 후속 연구와 이분들에 대한 관심과 예우로 이어지기를 바란다.

2023년 8월
배진숙

차례

머리말: 파독 60주년을 맞이하며 ·························· 5

1부   파독 광산근로자의 미국으로의 재이주 경험

1. 한국에서 독일로, 그리고 다시 미국으로 ·························· 23
   (1) 파독 근로자 ·························· 27
   (2) 재미한인과 재이주 현상 ·························· 32
   (3) 재미 파독 광산근로자 면담자의 특징 ·········· 34

2. 파독 광산근로자의 미국으로의 재이주 동기 ·········· 45
   (1) 결혼과 가족 형성: 이주 네트워크의 증폭 ·········· 49

3. 파독 광산근로자의 미국에서의 직업 변화 ·········· 53
   (1) 미국 재이민 초기 적응 ·························· 54
   (2) 자영업 종사 ·························· 57

4. 맺음말 ·························· 61

2부   재미한인사회에 기여한 파독 광산근로자

1. "어깨에 온 가족을 얹고": 시카고, 로스앤젤레스로 ·········· 67
   (1) 파독 근로자와 재이주 현상 ·························· 69

    (2) 재미한인사회의 형성과정 ·· 72

    (3) 재미 파독 광산근로자 면담자의 특징 ······························· 78

2. 사회적 자본으로서의 '동우회' ·· 82

3. 재미한인사회 형성에 기여한 파독 광산근로자 ···················· 89

    (1) 시카고 사례 ·· 89

    (2) 로스앤젤레스 사례 ·· 95

    (3) 초국적 가족 형성과 미국으로 가족초청 ························· 101

4. 맺음말 ·· 108

3부   파독 광산근로자의 캐나다 진출과 한인사회에 대한 기여

1. "블루어(Bloor)와 마크함(Markham)에 이민 봇짐 풀다" ·········· 115

    (1) 파독 근로자 ·· 118

    (2) 디아스포라의 재이주 현상 ·· 121

    (3) 재캐나다 한인 ·· 123

    (4) 재캐나다 파독 광산근로자 면담자의 특징 ····················· 126

2. 파독 광산근로자의 캐나다에서의 재이주 경험 ····················· 132

    (1) 캐나다로의 재이주 동기 ·· 132

    (2) 캐나다에서의 직업 변화 ·· 136

3. 재캐나다 한인사회에 기여한 파독 광산근로자 ···················· 140

    (1) 블루어 코리아타운 건설 ·· 140

    (2) 편의점 사업과 '한인실업인협회' 견인 ··························· 143

    (3) 가족초청과 단체 활동을 통한 기여 ······························· 147

4. 맺음말 ··· 152

4부   파독 광산근로자의 이주, 독일 정착, 노후 생활

1. "석탄아 고마웠다" ·· 159

    (1) 파독 근로자 ·· 163

    (2) 한인 디아스포라와 고령화 ·· 168

    (3) 재독 파독 광산근로자 면담자의 특징 ···························· 171

2. 파독 광산근로의 독일 이주 경험 ······························· 176
3. 파독 광산근로자의 사회경제적 적응 ························· 181
4. 파독 광산근로자의 노후 생활 ································· 188
5. 맺음말 ··· 195

참고문헌 ··· 201

표 차례

〈표 1.1〉 연도별·직종별 파독 현황 ·· 29
〈표 1.2〉 재미 파독 광산근로자 면담자 정보 ······························· 36
〈표 1.3〉 면담자들의 한국에서 독일로 1차 이주 시기 ················· 40
〈표 1.4〉 면담자들의 독일에서 미국으로 재이주 시기 ················ 41
〈표 2.1〉 재미 파독 광산근로자 면담자 정보 ······························· 80
〈표 2.2〉 시카고와 LA의 한인 인구변화(1910~1970) ··············· 90
〈표 2.3〉 1970년대 중반 클락과 셰필드(Clark and Sheffield)의 한인사업체 ············ 90
〈표 3.1〉 재캐나다 파독 광산근로자 면담자 정보 ······················ 130
〈표 3.2〉 파독 광산근로자가 북미에 설립한 대표적 사업체(1970년 전후) ··············· 143
〈표 4.1〉 유럽·독일의 한인 현황 총계 ······································· 164
〈표 4.2〉 거주 자격별 독일 거주 한인 통계 ······························· 164
〈표 4.3〉 재독 파독 광산근로자 면담자 정보 ···························· 174

그림 차례

〈그림 1.1〉 미국 시카고 지역 파독 광산근로자들 ······················· 24
〈그림 1.2〉 미국 로스앤젤레스 지역 파독 광산근로자들 ·············· 25
〈그림 1.3〉 남해 독일마을 주택 ·· 28
〈그림 1.4〉 남해 독일마을 기념비 ··· 30
〈그림 1.5〉 남해 독일마을 파독전시관 전시품 ··························· 30
〈그림 1.6〉 재미 파독 광산근로자 면담자 모집 관련 「미주 중앙일보」 기사 ·············· 35
〈그림 1.7〉 시카고 파독 광산근로자와 파독 간호사 부부(이긍구, 이승자) ··············· 60
〈그림 2.1〉 태백시 태백석탄박물관 전시품 ······························· 70
〈그림 2.2〉 로스앤젤레스 코리아타운 ·· 77
〈그림 2.3〉 시카고 동우회 모임에서 회원들이 즐겨 부르는 「우리의 노래」, 「서독 땅 3년!」
　　　　　 노래 가사 ·· 84
〈그림 2.4〉 1968년 파독 광산근로자 출신 박영기가 세운 '아리랑마켓' ·················· 92
〈그림 2.5〉 1974년 파독 광산근로자 출신 이희덕이 청기와와 한국식 건축양식으로 LA
　　　　　 올림픽가에 세웠던 '영빈관' 식당 ································ 97
〈그림 2.6〉 재미 파독 광산근로자 출신 안이준 전 한미은행 이사장 관련 뉴스 기사 ········ 99
〈그림 2.7〉 연구설문지 작성 중인 안이준 전 한미은행 이사장 ······ 100
〈그림 2.8〉 재미 파독 광산근로자 출신 안종식 전 한인 봉제협회장 관련 뉴스 기사 ······ 104
〈그림 2.9〉 재미 파독 광산근로자 출신 안종식 전 한인 봉제협회장(맨 앞줄 가운데)의
　　　　　 2019년 팔순 잔치 때 가족 사진 ································ 105
〈그림 2.10〉 팻 퀸 일리노이 주지사가 파독 광산근로자들과 그 가족들의 지역사회 발전에
　　　　　　기여한 공로를 기리기 위해 2009년 8월 12일을 '동우회의 날'로 선포한
　　　　　　선언문 ·· 107

〈그림 3.1〉 재캐나다 파독 광산근로자와의 면담이 진행되었던 '토론토 한인 장로교회' 116
〈그림 3.2〉 재캐나다 파독 광산근로자들 ················ 116
〈그림 3.3〉 재캐나다 한인 여동원의 시집 『이민낙서』(1980) 표지 ·················· 117
〈그림 3.4〉 재캐나다 파독 광산근로자 면담자 모집 관련 「캐나다 한국일보」 기사 ········ 127
〈그림 3.5〉 블루어 코리아타운에 자리한 '한국식품' ················· 142
〈그림 3.6〉 온타리오 한인실업인협회 로고 ··············· 146
〈그림 3.7〉 파독 광산근로자 출신 구자선 회장이 운영하는 식품제조업체 '평화식품' ··· 150
〈그림 3.8〉 '평화식품'에서 제조하여 북미 전역으로 유통되는 한국 식품 ·········· 151
〈그림 3.9〉 토론토 '평화식품'의 구자선 회장 ················ 151
〈그림 4.1〉 뒤셀도르프 중앙역 ················ 160
〈그림 4.2〉 재독 파독 광산근로자와의 면담이 진행되었던 뒤셀도르프한인교회 ······· 160
〈그림 4.3〉 재독 파독 광산근로자들 ················· 161
〈그림 4.4〉 캄프린트포르트의 파독 광산근로자들 ················· 183
〈그림 4.5〉 신부영 태권도 사범 ················ 187
〈그림 4.6〉 신부영 태권도 사범이 운영하는 함부르크 소재 '화랑 태권도장' ············ 187
〈그림 4.7〉 파독 광산근로자 1차 1진 우동천 전 재독 함부르크 회장과 조영희 사모 ··· 194
〈그림 4.8〉 파독광부기념회관(한인문화회관) 앞에서 고창원 파독산업전사세계총연합회
         회장과 윤행자 재독한인간호협회 고문 ················ 197
〈그림 4.9〉 독일 에센 소재 파독광부기념회관 내 동포역사자료실 전시품 ·············· 199
〈그림 4.10〉 2019년 파독광부기념회관 내에 세워진 '파독 산업 전사 기념비' ·········· 199

차례

1부

파독 광산근로자의
미국으로의
재이주 경험

이 글은 『다문화콘텐츠연구』 32(2019)에 게재된 원고를 수정 및 보완하여 재수록한 것임.

1
한국에서 독일로,
그리고 다시 미국으로

19세기 중엽에 시작된 한인의 해외 이주는 그동안 중국, 구소련 지역, 일본은 물론 유럽과 미주 지역 등 전 세계적으로 분포하며 다양한 한인 집단을 형성했다. 서로 다른 이주 배경을 지니고 상이한 문화를 형성하여 살고 있는 이들 재외한인은 현재 전 세계 180여 개국에 걸쳐 분포한다. 또한, 세계화의 진행과 출신국과 거주국의 초국적 물적·인적 교류와 이주 네트워크의 활성화로 인해 재외한인은 노동·투자·교육의 기회를 고려하여 제3국으로 재이주(re-migration)하거나 모국으로 역이주(return migration)를 감행하기도 한다.[1] 이 글에서는 이처럼 이주가 양국 간에 일회적으로 발생하기도 하지만 때로는 1차 이주가 재이주나 순환이주(circular migration) 형태로 발전하기도 한다는 점을 고

---

[1] '재이주'는 한 곳에 이주하여 계속해서 머무르지 않고 다른 지역으로 또다시 이주하는 의미로 사용한다(박채순, 2009).

그림 1.1 미국 시카고 지역 파독 광산근로자들

려한다(Siu, 2005).

　연구대상은 1960~1970년대 광산근로자로 독일로 노동이주를 했다가 차후에 미국으로 재이주한 재외한인이다. 모국을 떠나 다른 나라에 체류했다가 다시 제3국으로 이주하는 것을 '삼각이민'이라고도 명명한다(이광규, 2000). 파독 광산근로자의 경우 독일에서의 계약만료 이후 일부는 한국으로 귀환했지만, 상당수는 독일에 계속 체류하거나 유럽 내(intra-continental) 혹은 대륙 간(inter-continental) 재이주를 감행했다. 이 글에서는 이 중에서 파독 광산근로자의 한국 → 독일 → 미국으로의 연속적인 초국적 이동에 주목하여 이주 동기, 이주 경로, 직업 변화의 추이를 분석한다. 동일 직업을 가졌던 광산노동자들의 미국에서의 직업분화 과정을 각 도시의 노동시장과 미주 한인 이주사의 맥락에서 살펴본다. 미국 각 도시를 재정착지로 선택한 이유, 재이주 과정에 활용되었던 개인 혹은 한인 디아스포라 차원의 인적·물적 자원,

　　　　　파독 광산근로자의 삶과 글로벌 모빌리티

그림 1.2 미국 로스앤젤레스 지역 파독 광산근로자들

국가 간 혹은 재이주 후의 노동시장에서나 계층 면에서의 위치변화에 관해서도 고찰한다.

재미한인 1세대나 1.5세대 중에는 한국에서 출생한 사람뿐 아니라 다른 나라를 거쳐온 재이민자들이 존재함에도 그동안 이에 관한 연구가 매우 미흡했다. 또한, 이민 성숙기에 이른 최근의 재미한인공동체 관련 주요 연구주제로는 이민사회의 세대교체, 교외화, 상권의 이동, 코리아타운 내 한국 자본 유입으로 인한 국제화 경향이 포함된다(김백영, 2018). 하지만 여전히 한인공동체의 초기 생성, 성장단계에 관한 실증적 연구가 거의 없는 공백 상태다. 이 글에서는 재미한인사회 내 재이민의 한 부류인 파독 광산근로자의 글로벌 이주와 이들의 재미한인사회 초기 형성기의 정착 경험에 주목한다. 파독 광산근로자의 이주가 전 지구적 맥락에서 비교적 장기간에 걸쳐 발생했다는 점에서 생애사적 접근을 취한다. 또한, 파독 광산근로자의 이주에 대해

한 국가의 틀을 벗어나 국제적인 비교와 상호관계적인 맥락에서 접근했는데, 연구의 핵심이 되는 개념 중의 하나가 '디아스포라(diaspora)'다. 재외한인의 경험을 디아스포라의 시각에서 이해하는 것은 일관된 분석틀을 가지고 비교·분석할 수 있는 이점이 있다(윤인진, 2004). 독일과 미국으로의 한인 이주와 유럽과 북미에서의 한인 이주사회 형성이 독립적인 요인뿐 아니라 각각 연계되어 맞닿고 교차하며 발전하는 측면에 관해 조명한다.

또한, 이 글은 다양한 층위에서의 분석을 포함하지만 특히 광산근로자들이 재정착한 지역의 구체적인 '도시 맥락(city as context)'을 고려한다. 포너(Foner, 2003)는 이주 연구에서 국가를 기본분석 단위로 삼는 것에 의문을 제기하며, 특정 도시의 독특한 특징들이 이주민에게 미치는 영향에 대해 강조했다. 또한, 브레텔(Brettell, 2003)은 이민 연구에서 이주민의 거주 도시 내에 동족 민족공동체(ethnic enclave)의 존재여부, 도시 노동시장의 구조, 인종적·민족적 구성과 관계 등이 고려되어야 한다고 주장한다.

재미한인의 대표적인 코리아타운이 형성되어 있고, 파독 광산근로자들의 재이민 지역으로 가장 선호되었던 시카고와 로스앤젤레스(이하 'LA')를 현지 조사 대상으로 삼는다. 시카고와 LA를 기본분석 단위로 삼아서 각 도시의 사회경제적 특징이 전직 광산근로자들의 미국 정착지 선택과 적응과정에 미치는 영향에 관해 고찰한다.

이 장의 구성과 주요 논의점은 다음과 같다. 우선 독일로의 광산근로자 파송에 관한 역사적 배경과 관련 통계자료를 제시하고, 연구의 주요 내용은 크게 다음의 두 가지 질의로 구성된다. 광산근로자로 독일로 이주한 한인이 미국으로 재이주한 동기와 이주 경로는 무엇인가? 광산근로자의 연속적인 이주에서 각 국가의 이주법과 정책이 끼친 영향과 정착 도시 내 노동시장에서의 경제적 적응 과정은 어떠한지를 중점적으로 살펴본다. 재이주를 결정하고 실행하는 단계에서 초국가적 이주 네트워크의 영향과 이주 형태에 관해서도 조사한다. 또 하나의 주요 질문은 재이주 후 독일에서의 경험이 미국에서의 재적응 과정에 미친 영향은 무엇인가? 독일에서 습득한 직업 경험이 미국에서 활용되거나 초기 정착에 도움을 주지는 않았는가? 나아가 독일에서의 동일 직종과 이주 경험을 공유했던 동우회 결성과 활용에 관해서도 고찰한다.

(1) 파독 근로자

한국 정부는 1963~1977년에는 광산근로자 7,936명을, 1966~1976년에는 간호인력 10,723명을 독일에 파견했다(재독동포50년사편찬위원회, 2015). 개인의 선택으로 이주가 이루어졌지만, 이주자들은 국가 차원의 협약을 기반으로 모집과 선발 등 이주를 위한 일련의 과정을 겪어야 했다(이광규, 2000).

1963년 12월 16일 광산근로자 파독에 관한 구체적인 내용을 담은 제1차 광부협정, 즉 한국 광부의 임시 고용 계획에 관한 한독 정부 간의 협정을 체결함으로써 광산근로자 파독의 구체적 근거를 마련했다. 광산근로자가 부족한 당시 서독 정부와 일자리와 외화가 부족한 대한민국 정부 간의 합의였다. 광산근로자의 취업 기간은 3년으로 했고 광산근로자 선발의 응모 조건은 20~35세인 자, 1년 이상 탄광의 갱내에서 작업한 경력이 있는 자, 그리고 독일로 출발 전 3년 중 한국 탄광직에서 휴직상태에 있지 아니한 자였다(한국파독광부총연합회, 2009).

독일로 이주한 한국의 광산근로자는 한국에서 출발하기 전 노동청의 엄격한 심사를 거쳐 선발된 사람들이었다. 노동청에서 신체검사와 적성검사뿐만 아니라 일반 상식과 영어시험을 봐서 합격한 사람만 독일로 올 수 있었다. 따라서 한국에서 광산근로자로 일했던 사람들보다는 주로 광산 경험이 없는 사람들이 많이 지망했으며, 이들 중에는 고학력자들이 많았다(이병렬, 2004).

광산근로자 중 독일에서의 계약 기간 후에 일부(40%)는 한국으로 귀환했지만 독일 체류가 40%, 제3국 이주가 20% 정도였다. 제3국 이주의 경우 1960년대 1차로 독일에 간 사람들은 주로 북미를 선택했지만, 1970년대에 간 사람들은 대부분 유럽 내에서 이주를 선택했다(재독한인글뤽아우프회, 2009). 광산근로자와 간호인력의 파독은 애초 단기간의 노동이주가 목적이었으나 상당수의 파견 노동자가 귀국하지 않고 현지 교민으로 장기 체류하거나 재이주를 선택하여 독일과 인접한 유럽국가나 미국, 캐나다, 브라질, 호주에 이르기까지 한국전쟁 이후 형성된 해외 한인 디아스포라의 시발점이 되기도 했다(정성화, 2014).

기존 파독 근로자의 독일행 동기에 관한 연구에서는 독일로의 인력 송출의 경제적인 성격에 관해 다루거나(윤용선, 2014), 경제적인 측면 외에 기술 교육의 측면에서 연구가 진행되었다(유진영, 2014). 또한, 파독 인력의 독일

그림 1.3 남해 독일마을 주택

내의 노동환경과 적응 문제, 문화적인 혼성 문제, 단체결성에 관한 문제를 주로 다루고 있다(이희영, 2005; 이수자, 2006; 김용찬, 2007; 양영자, 2012; 유진영, 2014; 윤용선, 2014). 그리고 이영석·박재홍(2006)은 독일동포의 국내로의 역이주 사례로 남해 독일마을에 관해 소개하며 파독 독일마을 입주민들의 역이주와 귀향 의식을 분석했다.

표 1.1 연도별·직종별 파독 현황

(단위: 명)

연도	광산근로자	간호인력	연도	광산근로자	간호인력
1963	247		1971	982	1,363
1964	806	1,043	1972	71	1,449
1965	1,180		1973	842	1,182
1966	286	1,227	1974	1,088	1,206
1967	7	421	1975	–	459
1968	3	91	1976	314	62
1969	10	837	1977	795	–
1970	1,305	1,717	계	7,936	11,057

출처: 양동양 외(2017: 63)

이 외에 학문적인 연구는 아니지만, 파독 광산근로자 모임에서 발간한 『파독광부 30년사』(1997), 『파독광부 45년사』(2009), 『파독광부 백서』(2009), 『파독 50년사: 광부·간호사·간호조무사』(2017) 등의 출판물이 있다.

'진실·화해를위한과거사정리위원회(진실화해위)'는 파독 한인이 1965년부터 1975년까지 고국에 송금한 액수가 총 1억 153만 달러에 달한다고 집계했다. 1965~1967년 송금액의 경우 당시 총수출액의 1.6~1.8%에 해당한다. 진실화해위는 "1달러의 외화도 소중했던 당시 경제 상황을 고려할 때 파독 광부와 간호사들이 송금한 돈은 국제수

그림 1.4 남해 독일마을 기념비

그림 1.5 남해 독일마을 파독전시관 전시품

파독 광산근로자의 삶과 글로벌 모빌리티

지 개선 및 국민소득 향상, 나아가 한국 경제성장에 상당한 기여를 했다"고 평가한다(재독동포50년사편찬위원회, 2015). 나혜심(2012)은 "파독 한인은 한국 사회의 경제개발이 이루어지는 동안 공적인 부분에 그들의 돈이 직접 사용된 것은 아니지만 가족에 대한 지원이라는 방식으로 돌아 간접적으로 사회 내에 외화벌이 효과를 주었다는 의미에서 한국 현대사에서 매우 중요한 의미를 갖는다"고 지적한다.

한국 현대사뿐 아니라 재외한인 연구에서의 중요성이 상당하지만, 전반적으로 독일에 초청 노동자로 갔던 간호인력과 광산근로자를 대상으로 한 연구는 지금까지 매우 미진한 상황이다(박재영, 2013; 노명환, 2014). 특히 파독 광산근로자는 간호사에 비해 연구가 매우 부진하다. 파독 인력과 관련한 기존 연구는 광산근로자와 간호사 양 집단을 포괄하여 무차별적으로 파악된 경우가 많고, 대다수가 간호사만을 대상으로 한 연구들로서 광산근로자만을 대상으로 한 연구는 거의 찾아볼 수 없다(박재영, 2013; 양영자, 2013). 그 이유는 그들이 임시고용계약을 통해 갔고, 간호사에 비해 경제적·법적 지위가 불안정했으며, 독일 한인 이주의 역사에서 상대적으로 부차적인 위치에 있었기 때문이라고 추정한다(박재영, 2013).

그나마 파독 광산근로자를 단독으로 연구한 소수의 기존 연구에서는 독일만 그 연구대상 지역으로 삼아 생애사를 중심으로 내러티브 정체성 분석을 하거나(양영자, 2013), 혹은 독일 사료를 활용하여 당시 독일경제에 파독 광산근로자 노동의 완충노동력(buffer workers)으로서의 긍정적 역할에 관해 재조명하고 있다(이용일, 2014).

이러한 배경하에 이 장에서는 파독 광산근로자의 재이주 경험에 대한 심층적 분석 및 이해를 도모하고, 기존 연구에서 나타난 연구대상자 간 불균형 또는 쏠림 현상을 보완한다. 파독 광산근로자 출신을 독립적인 연구대상으로 삼고, 거의 연구가 전무한 이들의 미국으로의 재이주 현상에 관해 경험적으로 살펴본다.

(2) 재미한인과 재이주 현상

재미한인 중에는 한국에서 출생한 사람들뿐 아니라 다른 국가를 거쳐온 재이민자가 존재함에도 그동안 이에 관한 연구가 매우 미흡했다. 이 글에서는 상이한 이주 동기, 배경 특성, 인적 자원 등으로 인한 재미한인사회 집단 내부의 인구학적 구성 및 이주 경로의 다양성에 관해 규명한다. 또한 재미한인 이주사에서 중요한 이주 형태이지만 연구가 미진했던 '디아스포라의 재이주 현상'에 주목한다.

1903~1905년 약 7,200명의 한인이 하와이 사탕수수 농장의 계약노동자로 미국으로 건너갔다. 이후 1906년부터 1964년까지는 차별적이고 제한적인 미국 이민법으로 인해 특정 신분(사진 신부, 독립운동가, 유학생, 미군 부인, 입양인 등)의 소수 한인만이 미국에 입국할 수 있었다. 그러다가 1965년 미국 내 이민법이 개정되어 가족 초청 및 직업·기술 이민자들이 미국으로 대거 이주하면서 본격적인 이민이 시작되었고, 이 시기의 이민으로 오늘의 재미한인사회가 형성되었다.

재미한인 관련 연구는 1970년대 이민 세대 학자들에 의해 본격화되었고, 1980년대 후반부터 1.5세와 2세 학자들이 가세하면서 양적·질적으로 성장했다. 재미한인의 이주, 경제활동, 자영업, 주거, 가족관계, 종교, 건강, 정체성, 젠더, 정치, 인종 관계 등 다양한 방면과 방법론으로 연구가 진행되었다(민병갑, 2011). 하지만 재미한인사회 내부의 계층·문화·세대에 따른 다양성(heterogeneity) 혹은 한국뿐 아니라 여러 출신 국가나 경유지의 상이함에 따른 인구구성과 이주 배경의 다양성에 관한 연구는 비교적 부족한 편이다.

1965년 이민 문호가 개방된 이후 재미한인 1세 중 한국에서 바로 이민을 온 경우 외에 독일, 베트남, 중남미 국가를 거쳐 재이민을 온 경우가 다수 있고, 이들 재이주자(re-migrant)의 이전 경유국에서의 이민 경험과 초국적 연결망은 미국 재적응 과정에 상당한 영향을 미쳤다.

재이주의 한 부류인 중남미 출신 재미한인(한국 → 중남미 국가 → 미국으로 이주)에 관한 연구는 일부 진행되었다. 중남미로 1차 이주를 떠났던 한인 중에는 현지의 정치·경제적 불안정, 치안, 자녀교육 문제로 인해 미국으로 재이주하기도 한다(Park, 2004; Bae, 2014). 이들은 1970년대 초반 뉴욕지역에서 청과업계에 선구적으로 진출했고, 특히 중남미에서의 의류 관련 사업 경험을 살려서 LA와 뉴욕지역에서 재미한인 의류사업을 발전시켰다. 또한, 스페인어 등과 같은 언어자본과 다문화적 배경을 활용하여 직업소개소 운영 등을 통해 재미한인과 중남미 타민족 이민자들 간의 매개 역할을 하기도 한다(Bae, 2015; Yoon, 2015).

이에 반해 독일 광산근로자의 미국으로의 재이주 경험에 관해 다각적이고 심층적으로 다룬 연구는 전무하다. 파독 근로자 관련 기존 연구에서는 다른 주제 연구의 한 부분으로서만 이들의 제3국으로의 재이주 현상에 관해 다루었고, 개인 차원의 문화적 적응이 강조되거나 기존 설문 내용을 개관하는 차원에 머문다. 기존 연구에서는 한독관계(Korean-German relations)에만 초점을 두어 파독 광산근로자의 외화 획득과 모국으로의 송금을 통한 한국의 근대화와 산업발전에 대한 기여만 강조된 데 반해, 이 글에서는 글로벌한 층위에서의 논의를 통해 파독 광산근로자의 이주와 정착의 다지역성에 주목한다.

(3) 재미 파독 광산근로자 면담자의 특징

　연구 방법으로는 기존 연구에 대한 문헌분석과 설문조사 및 면담
위주로 한다. 각국의 공식문건, 역사적 사료, 통계자료, 신문 기사, 이민
사회 기록물과 파독 광산근로자 자서전을 활용한다. 연구의 주요 방법
으로 질적 면접을 채택했는데, 이는 파독 광산근로자의 재이주와 정착
의 복잡한 과정에 대한 심도 있는 이해를 도모한다. 2019년 1월 28일과
2월 23일 사이에 미국 시카고와 LA 지역을 중심으로 파독 광산근로자
출신 재미한인 32명을 대상으로 면담을 실시했다. 연구참여자 모집은
미주 한인신문을 통해 홍보했고, 또한 두 지역의 파독 광산근로자 출
신 단체인 '서독동우회'와 한인회 같은 한인 단체를 통해 소개받았다.
그리고 초기 면담자가 다른 면담자를 소개하는 '눈덩이 표집법(snowball
sampling)'을 활용했다. 면담 시에는 파독 광산근로자의 미국으로의 재
이민 경험과 관련하여 이주 동기 및 경로와 직업 변화에 초점을 두어
반구조화된 면담을 진행했다.

　구체적인 면담 질문과 세부 연구 문제는 다음의 네 가지 범주로
구성되었다. 첫째 범주는 면담자들의 '사회인구학적 배경'에 관한 것
인데 연령, 출생지, 결혼, 가족관계, 초기이주와 재이주 시기, 교육정보
관련 문항 등으로 구성된다. 둘째 범주는 '파독 전 한국에서의 상황'
에 관한 문항들로서 출국 전 생활 수준과 직업, 광산근로자 지원동기
에 관한 것이다. 셋째 범주는 '독일로의 1차 이주'와 관련하여 독일로
의 이주 시기, 독일에서의 적응과정과 직장 생활, 사회적 관계에 대해
질의했다. 연구의 핵심이 되는 마지막 범주에서는 '미국으로의 2차 이
주'와 관련된 재이주의 동기와 이주 경로, 적응과정, 초국적 이주과정
에서의 직업 변화, 사회적 관계를 중점적으로 살펴보았다. 광산근로자

"파독 광부들의 한인사회 기여 대단"

재외한인학회 배진숙 이사
연구 위해 조사차 미주 찾아

"미주 한인들이 의외로 여러 가지 경로를 통해 미국에서 거주하고 있다는 것을 알았습니다. 제 연구가 시작된 계기는 바로 옆자리에 앉았던 파독 광부 출신 한인 어르신과의 만남 덕분입니다."

재외한인학회 배진숙 이사(Ph.D. 사진)가 지난 28일 '파독 광부 출신 한인의 미국 진출과 재미 한인사회 형성 기여에 관한 연구'를 위해 미국을 찾아왔다.

그가 속한 재외한인학회는 한국의 학회로 외국에 있는 한인을 학문적으로 연구하는 곳이다.

배 박사는 지역학을 전공해 특히 미주 한인들의 이주 및 정착 과정에 대해서 수많은 인터뷰와 문헌 연구로 이 분야 몇 안 되는 전문가다.

그림 1.6 재미 파독 광산근로자 면담자 모집 관련「미주 중앙일보」기사
출처:「미주 중앙일보」, 2019년 1월 30일자

의 이주와 정착에 각 국가의 이민법과 정책이 끼친 영향과 정착 도시 내 노동시장에서의 경제적 적응에 관해 중점적으로 살펴보았다. 독일에서의 배출요인과 미국으로의 유입요인이 동시에 고려되었고, 독일에서의 1차 이주와 광산에서의 근무 경험이 미국에서의 거주 도시와 직업 선택에 끼친 영향에 대해서도 조사했다. 재정착 과정에서 경유국에서의 연결망 지속과 동우회의 결성과 활용에 관해서도 살펴보았다. 모든 면담 자료는 연구참여자의 동의를 받아 녹취했고, 면접 조사에서 미흡한 부분은 통신을 통해 보완했다.

　연구참여자는 총 32명의 남성으로 연령대가 70~80대다. 한국에서의 고향은 서울, 경기도, 경상도, 전라도, 충청도 등 전국 각지 출신이며 3명은 북한에서 태어나 한국전쟁 중에 남한으로 이주했다. 본 연

표 1.2 제미 파독 광산근로자 연담자 정보

순서	이름	출생 연도	고향	최종 학력/한국에서의 직업(근무지)	독일 이주 연도	미국 이주 연도	미국에서의 초기 직장	대표적 자영업/직업	미국 거주 지역
1	서정호	1937	서울	대학 중퇴/학생	1964	1967	접시닦이	가발업, 청소업, 의류업	LA
2	김기수	1944	서울	고졸/전기공사협회	1971	1977	검역인	선글라스 가게, 부동산회사 근무	LA
3	최용규	1939	포항	대학 중퇴/자전거 영업	1965	1967	페인트공, 텔레비전 생산공장	자동차정비업, 청소업, 봉제업	LA
4	김상윤	1939	부산	대학 중퇴/무직	1965	1968	파머톤, 머신숍	청소업, 봉제업, 한인 은행 이사장	LA
5	최진석	1937	공주	대학 중퇴/무직	1964	1967	기계 청소, 접시닦이	주유소, 자동차정비업, 부동산업	LA
6	박기혁	1938	원주	대학 중퇴/무직	1964	1987	비행기 제작회사	호텔업, 보험업, 부동산업	LA
7	정우진	1938	김제	대졸/태권도 사범	1966	1970	청소업, 비행기 제작회사	조경업, 주유소	LA
8	김경호	1940	수원	대학 중퇴/무직	1964	1968	비행기 제작회사	소매점, 스포츠용품점	LA
9	황인성	1936	수원	정유공장 운영	1965	1966	파머톤, 기계공장	비행기서비스업	LA
10	오민철	1941	평산	대졸/체육선수	1970	1972		직업군인	LA
11	김영준	1939	일산	대졸	1965	1971	화학공장	주류판매점	LA
12	장재훈	1938	부여	대학 중퇴	1964	1971	용접업	치과기공소, 주류판매점	LA
13	안호성	1943	연백	고졸/무직	1970	1995		의류업, 세차업	LA
14	장인석	1936	서울	고졸	1964	1967	파머톤	식당업	LA
15	민원표		제천	대졸/기자	1971	1979		태권도장	LA

순서	이름	출생연도	고향	최종 학력/한국에서의 직업(근무지)	독일 이주 연도	미국 이주 연도	미국에서의 초기 직장	대표적 자영업/직업	미국 거주 지역
16	박준근	1938	광주	대학 중퇴/회사직원	1965	1967	자판기공장, 기계부품공장	세탁업	시카고
17	임영석	1941	서울	무직	1965	1969	접시닦이, 요리사	가발업, 청소업, 세탁업	시카고
18	홍장수	1937	천안	대학 중퇴/공무원	1965	1968	자동차회사	치과기공소	시카고
19	이진호	1939	조치원	대학 중퇴/판매원	1965	1973	타이어공장	의류업, 식당업	시카고
20	구철우	1938	강원도	고졸/공무원	1965	1971	공장	세탁업	시카고
21	손영재	1939	서울	대학 중퇴/무직	1965	1972	기계공장	식당업	시카고
22	서용석	1937	서울	대졸/대한주택공사	1965	1972	공장	식당업, 주유소	시카고
23	윤형식	1937	고흥	대학 중퇴/무직	1965	1968	자동차회사	자동차정비업, 기술공무원	시카고
24	송제승	1940	서울	대학 중퇴/학생	1963	1967	접시닦이	주유소	시카고
25	신범석	1937	광주	배구코치	1964	1970	공장	세탁업	시카고
26	황동원	1941	서천	대학 중퇴/학생	1963	1968	변호사 사무실 사무	갤러리사업	시카고
27	강수용	1938	북청	대학 중퇴/학생	1964	1968	공장	청소업	시카고
28	최현욱	1943	서울	고졸/월남파병 근무	1971	1977	청소업	식당업, 우체국 공무원	시카고
29	한현준	1939	경주	고졸/광산일	1964	1967	자판기 제조공장	자동차부품회사 직원 (38년 근무)	시카고
30	김수혁	1938	한산	고졸/경향신문 보급소 운영	1965	1968	자동차공장, 음점	주유소	시카고
31	오종수	1941	부산	대학 중퇴/보험회사	1965	1968	주크박스 공장, 식품공장	가발업, 의류업	시카고
32	조병일	1943	영천	대학 중퇴/무직	1965	1966	자동차공장	기계공장, 주유소	시카고

구에 참여한 면담자들의 이름은 개인의 사생활 보호를 위해 가명(假名)을 사용한다. 단, 이미 출판된 자서전, 신문자료 및 여타의 기존 문헌 인용 시에는 실명(實名)을 사용한다.

독일 이주 시기는 면담자의 약 84%가 1960년대에 독일에 갔고, 5명은 1970년대에 이주했다. 면담자들의 출국 전 한국에서의 최종 학력은 대부분 고등학교 졸업 이상이었다. 일반적으로 파독 광산근로자들은 비교적 고학력이었는데, 『파독 광부백서』(2009)에 따르면 제1차 (1963~1966) 파독 광산근로자의 학력 비율은 대졸이 24%, 고졸이 50%였다. 당시 독일 취업이 가져다주는 경제적 이익은 한국의 임금수준으로 볼 때 상당한 것이었고, 이로 인해 파독 광산근로자 모집은 높은 경쟁률을 나타냈다. 파독 광산근로자들은 독일에서 근로소득세, 사회보험료와 귀국 여비 적립금 등을 제하고 월 300마르크에서 1,100마르크 (당시 1마르크는 약 60원)까지 받았다. 보통 600마르크 안팎으로 미혼자보다 기혼자가 더 받았다. 이 액수는 그 시절 국내에서 5급 공무원 월급이 3,600원이었음을 감안하면 엄청난 액수이고, 고액연봉자였던 은행원의 1년 연봉과 맞먹었다(재독동포50년사편찬위원회, 2015). 최초 광산근로자 모집은 독일파견광부선발위원회가 주관하여 1963년 8월 13일 전국에서 실시했는데, 총 2,895명이 응모해 무려 15 : 1의 경쟁률을 뚫고 194명이 최종 선발되었다(윤용선, 2014).

대부분 면담자에게 독일행을 선택한 경제적인 동기가 중요했는데, 박종근(1938년생)은 "파독광부로 3년을 일하고 오면 본인 노력 여하에 따라 택시 2대를 구입할 수 있는 돈을 벌 수 있을 것"이라는 신문 보도를 보고 1965년 독일로 갔다고 한다.

당시 한국에서는 1961년 경제개발 5개년 계획이 시작된 지 얼마 되지 않았고, 이때만 해도 공업 발달이 부진해 대졸자 등 당시 고

파독 광산근로자의 삶과 글로벌 모빌리티

학력자들도 적당한 일자리를 찾지 못한 경우가 많았다. 1961년도 한국 경제지표는 1인당 국민소득 67달러, 실업률 23%, 연간 물가상승률 42%, 민간저축률 3%의 경제 규모를 가지고 있었다(이영석, 2008).

직접적인 경제적 이유 외에 광산근로자들의 독일 이주 동기로 교육 기회에 대한 희망과 외국에서 살아보고 싶다는 욕구가 포함되었다. 고등교육을 받고도 실력을 발휘하지 못하는 사람이 많았을 때였고, 따라서 더 넓은 세계에서 본인의 실력을 발휘할 수 있으리라는 기대에서 한국을 떠난 경우가 많았다(유정숙, 2017).

1937년 공주 출생으로 다니던 대학을 중퇴하고 1964년 독일 광산근로자로 갔던 최진석은 함께 파독 되었던 동료들에 대해 다음과 같이 기억하고 있었다.

> "내가 갈 때 105명이 갔는데 갈 때는 경쟁이 심해서 간 사람들이 전부 엘리트예요. 문제가 뭐냐면 105명 중의 4명이 서울대 출신인데, 연대, 고대, 중앙대, 성균관대는 수두룩했어요. 전국에서 광부들이 모였는데 조선대, 부산대 출신도 있고, 강원도, 충청도, 전라도, 각종 잡탕이 모였었어요." (최진석, 1937년생)

1977년을 끝으로 광산근로자 모집은 마감했으며, 그때까지 약 8천 명의 광산근로자가 독일로 떠났다. 원래는 광산근로자로 일한 경험이 있는 사람들이 선발되어야 했지만, 대학생을 비롯하여 일반회사원이나 그들과 유사한 정도의 기초지식밖에 없는 사람들이 선발되었고 대부분 광산 경험이 전무했다. 다만 1976년과 1977년에는 지원자 대부분이 국내 광산업 침체로 실업 상태에 있던 광산근로자 출신들이었다(윤용선, 2014; 유정숙, 2017).

면담자 중 한 명만 광산에서 일한 경험이 있었다. 면담자들의 독일 출국 전 한국에서의 직업은 군 복무를 마치고 대학교에 다니고 있거나 공무원, 일반회사원, 영업사원 등의 직종에 근무하고 있었지만, 상당수가 무직 상태였다.

표 1.3 면담자들의 한국에서 독일로 1차 이주 시기

연도	시카고	LA지역	인원
1963	송재승, 황동원		2
1964	강수용, 한현준, 신범석	서정호, 최진석, 장은석, 김경호, 장재훈, 박기혁	9
1965	조병일, 박종근, 구철우, 홍정수, 윤형식, 김수혁, 오종수, 임명석, 손영재, 서용석, 이진호	황인성, 최용규, 김상윤, 김명준	15
1966		정우진	1
1967			
1968			
1969			
1970		오민철, 안호성	2
1971	최현욱	김기수, 민원표	3
1972			
1973			
1974			
1975			
1976			
1977			

주) 일부 면담자들은 미국 내에서 지역 간 이주를 하기도 했는데, 가장 오랫동안 거주했던 도시나 면담 당시 거주 도시를 기준으로 구분하여 표를 작성했음.

표 1.4 면담자들의 독일에서 미국으로 재이주 시기

연도	시카고	LA지역	인원
1966	조병일	황인성	2
1967	박종근, 송재승, 한현준	서정호, 최용규, 최진석, 장은석	7
1968	홍정수, 윤형식, 황동원, 강수용, 김수혁, 오종수	김상윤, 김경호	8
1969	임명석		1
1970	신범석	정우진	2
1971	구철우	장재훈, 김명준	3
1972	손영재, 서용석	오민철	3
1973	이진호		1
1974			
1975			
1976			
1977	최현욱	김기수	2
1978			
1979		민원표	1
1987		박기혁	1
1995		안호성	1

　　재이민 경로에서 대부분 면담자는 독일에서 미국으로 바로 재이주했지만(유형 1, 유형 2),[2] 소수는 미국 입국 전에 한국(유형 3)이나 다른 제3국(유형 4, 유형 5)을 거쳐 미국에 오기도 했다.

　　유형 1: 한국 → 독일 → 미국
　　유형 2: 한국 → 독일 → 미국 → 한국 → 미국

2　1974년까지 면담자 대부분은 독일에서의 계약 기간을 다 채웠지만, 소수는 부적응이나 작업 중 사고 등의 사유로 계약 기간 전에 미국행을 선택했다.

유형 3: 한국 → 독일 → 한국 → 미국

유형 4: 한국 → 독일 → 캐나다 → 미국

유형 5: 한국 → 독일 → 아르헨티나 → 캐나다 → 미국

독일 정부는 광산노동자의 노동계약과 거주 허가를 3년으로 한정 지었으며, 계약 기간이 끝남과 동시에 귀국하는 것을 원칙으로 했다(재독동포50년사편찬위원회, 2015). 일부는 독일에서 3년 이상 계속 체류했는데 한인 간호사나 독일 여성과 결혼한 사람들, 광산에서 통역이나 사무원으로 일한 사람들, 그리고 3년 노동을 끝내고 그간에 저축한 자기재정으로 유학을 하기 위해서였다(재독동포50년사편찬위원회, 2015). 한인여성 근로자들은 독일의 간호인력이 부족했던 까닭에 대부분 자기가 일하던 병원에 재고용되거나 타 병원에 재취업되는 경우가 많아서 계약 기간 연장으로 독일에 장기간 체류할 수 있었다.

본 연구참여자 중 34%(11명)도 독일에서 3년 이상 체류했는데, 미국 재이민 전에 3년 6개월에서 8년을 독일에서 보냈다. 3년 이상 체류한 면담자 대부분은 한인 간호사를 만나 독일에서 결혼했다. 면담자들은 광산근로자로서의 법적 체류 자격 만료 후에 부인의 체류권으로 독일에 잔류하면서 현지 공과대학에서 공부하거나 화학공장, 오펠 자동차회사 취업, 또는 대사관 통역관이나 태권도 사범으로 근무했다.[3]

면담자들의 미국 입국 시기는 조병일과 황인성이 면담자 중에서는 가장 먼저 1965년 각각 시카고와 LA에 도착했다.[4] 대부분 1960년대

---

3 광산에서 능력을 인정받아 통역이나 사무원으로 승격된 사람들은 체류 기간 후에 더 일할 수 있었다.

4 시카고에 제일 먼저 온 사람은 은상기이며, 1964년에 시카고로 와서 록퍼드에서 태권도 도장을 운영한 것으로 알려졌다.

중반부터 1970년대 초반에 걸쳐 미국으로 건너왔는데, 약 56%(18명)가 1960년대 중·후반에, 그리고 약 38%(12명)가 1970년대에 왔다. 그리고 나머지 2명은 1980년대와 1990년대에 각각 미국으로 왔다.

광산근로자들이 관광비자로 미국에 입국한 후 정착하는 사례가 빈번해지자 1970년대 이후 미 대사관에서 한국 광산근로자들에게 비자 발급을 까다롭게 진행했다. 따라서 이에 비해 상대적으로 비자나 영주권 취득이 쉬웠던 남미국가나 캐나다로 떠나기도 했다. 캐나다로의 이주는 1967년 캐나다 정부가 유색인종에 대한 문호를 개방하면서부터였다. 1969년부터 1974년까지 독일로 파견되었던 한인 광산근로자와 간호사 중 캐나다 재이주자는 1천 명 정도로 추정된다. 가장 많이 거주한 도시는 토론토였지만 런던, 캘거리, 밴쿠버, 에드먼턴 등지까지 이주지역이 확대되었다(재독동포50년사편찬위원회, 2015). 캐나다는 재이주의 도착지이자 미국으로 연속적 이주를 떠나는 재이주의 출발지이기도 했다.

면담자인 김명준(1939년생), 박기혁(1938년생), 안호성(1943년생)의 경우에는 미국 도착 전에 캐나다를 경유했다. 김명준은 캐나다에서 3년 체류(1968~1971)하고 뉴욕으로 건너왔다. 박기혁은 독일에서 캐나다(1968~1987)로 갔다가 1987년 LA에 정착했고, 안호성은 독일에서 아르헨티나(1976~1992)와 캐나다(1992~1995)를 거쳐 1995년 LA로 왔다.

독일을 거쳐 미국으로의 이주 패턴을 분석해보면, 한국에서 독일로 1960년대 중반에 갔다가 1960년대 후반에 미국으로 재이민한 경우가 가장 빈번했다. 한국에서 독일로의 파독은 1977년까지 지속되었지만, 광산근로자들의 재이주 현상은 1960년대에 활발했다. 이는 1965년 미국 이민법 개정이 한 요인으로 작용하여 독일에서 미국으로 한인의 삼각이민이 활성화되었지만, 광산근로자들이 독일에서 미국

관광비자로 왔다가 장기체류하는 사례가 빈번해지자 1970년대 이후부터 독일에서 미국으로 가는 관광비자 받기가 더욱 힘들어졌고 1970년대부터 독일이나 유럽 내에 정착할 방안이 생겼기 때문으로 추측된다. 또한, 독일에서 1970년대 중반부터 3년 제한 규정이 엄격하게 적용되지 않아 연장을 희망한 한인 광산근로자들은 큰 제약 없이 광산에서 근무할 수 있었다. 그리고 1977년 마지막으로 파독 된 경우에는 1980년 무기한 체류나 영주권 취득이 허용됨에 따라 독일에 정착할 기회를 갖게 되었다(양영자, 2015).

2
파독 광산근로자의
미국으로의 재이주 동기

일부 파독 광산근로자들이 독일에서 3년 계약만료 후에 귀국하지 않고 미국으로 재이주한 이유로는 귀국 후의 경제적 불투명, 독일에서의 장기체류의 어려움, 처음부터 미국행 계획 등이 있다. 그리고 광산근로자 상호 간 혹은 광산근로자와 간호사 간의 결합으로 인한 이주 네트워크 형성과 활성화가 재이주 과정에 많은 영향을 끼쳤다.

첫째, 광산근로자들이 귀국을 선택하지 않은 이유 중에는 귀국 후의 경제적인 기반 부재가 포함되었다. 면담자들은 독일에서 받은 임금의 50~90%를 한국으로 송금했다고 한다.

"우리 가족의 생계는 내가 독일 갈 때 나를 포함해서 여덟 명의 생계가 내 어깨에 얹혀 있었어요. 한 푼도 거의 안 쓰고 한국으로 보내서 가족들도 살고 동생들 공부도 시키고. 영화 「국제시장」 그분이 모델이에요. 그냥 그렇게 살았어요." (한현준, 1939년생)

"집사람한테 내가 총각 때 (광산에서 번 돈으로) 서울은행에 적금 부은 게 삼백만 원이 있는데 큰형님을 드리고 싶다고 했어요. 큰형님, 큰형수가 내가 중학교, 고등학교 기차 타고 통학하는데 새벽같이 일어나서 고생하고, 또 어머니를 모시고 있었으니까요. 그래서 나는 삼백만 원 구경도 못 하고 큰형님이 돈을 다 찾아 쓴 거예요. 난 하나도 안 썼어요." (정우진, 1938년생)

면담자들은 독일에서 송금한 임금을 한국의 가족들이 이미 소진하여 '빈손으로 돌아갈 수는 없다'고 생각하거나 한국에서 직업 기회가 불투명하다는 판단으로 인해 독일에 잔류하거나 제3국으로 이주했다. 장은석 또한 경제적 이유로 1967년에 평소 동경하던 미국으로 건너왔다.

"광산에서 3년 끝나고 한국에 다시 가서 뭐 할 것이 없었어요. 한국에 집이 있는 것도 아니고 직업이 있는 것도 아니고요. 그래서 외국으로 한번 가려고 하는데 그 당시에는 다들 미국을 선호하지 않았어요?" (장은석, 1936년생)

정부 차원에서의 파독 인력 송출에 대한 후속 조치나 한국으로의 귀환에 따른 어떤 정책적 조치가 별도로 마련되어 있지 않았기 때문에 독일로 올 때와 같이 경제적인 열망이 미국행을 촉발하게 되었다.

둘째, 독일에서의 장기체류의 어려움이 재이주 사유가 되었다. 독일은 경제적 목적에서 외국인 인력을 고용하되 그들의 정주와 장기적 이주를 허용하지 않는 외국인 정책을 오랫동안 유지했다(국사편찬위원회, 2012). 3년 노동계약으로 온 광산근로자들은 3년마다 교체되었는데, 이를 '로테이션 계약'이라고 한다. 한국 광산근로자의 체류허가는 노동허가에 종속되어 있었고, 노동계약이 완료되면 체류허가도 자동으로 소멸되었다. 이미 다른 나라 노동자들을 채용하여 여러 가지 사회문제가 야기된 것을 경험한 독일은 자국 정착을 미리 방지하기 위한 수단으로 한인 노동자들에게 로테이션 계약을 적용했다(재독동포50년사편찬위원회, 2015).

면담자들은 제3국으로의 재이주를 결심하는데, 3년으로 제한된 계약 조건에 의해 독일에서의 체류 연장이 매우 까다로웠고 그 당시에는 영주권 취득이 용이하지 않았기 때문이기도 했다고 한다.

> "단순하게 생각하기를 그때만 해도 미국은 독일하고 게임이 안 될 정도로 부유한 나라예요. 여기보다는 미국이 한 수 위다. 단지 그것밖에 없어요. 내가 미국에 친척이 있었던 것도 아니고, 아는 사람이 있었던 것도 아니고. 그리고 독일에서는 거기서 끝나고 자기 비즈니스를 한다든지 그런 거 하기가 힘들어요. 나라가 작고, 영주권이라든지 그런 거는 거의 힘들었어요. 독일 사람하고 결혼한다든지 특수한 기술을 가지고 있는 경우가 아니면 힘들었어요." (최용규, 1939년생)

셋째, 미국으로의 재이주를 촉발한 또 다른 동기로는 한국에서부터 독일행을 미국으로 이주하기 위한 방편으로 삼았던 소수의 면담자도 있었다. 파독은 해외여행이 엄격히 제한되었던 시절에 외국으로 갈 수 있는 얼마 안 되는 좋은 기회였고, 이를 이용해 미국으로 가거나 혹은 독일에 남아 공부하려는 사람들도 다수 있었다(재독동포50년사편찬위원회, 2015). 1963년에 독일로 갔던 송재승은 이렇게 말했다.

> "원래 제 목적은 한국에서부터 독일 가서 광부 생활을 하겠다는 것이 아니라 기회 봐서 미국으로 가겠다는 것이어서 가자마자 기회를 노렸어

요. 미국으로 갈 기회를요. 돈도 좀 모아놓고. 굉장히 어렵게 미국 비자를 받았어요." (송재승, 1940년생)

넷째, 국제적 이주를 한 번 경험한 파독 광산근로자들의 고양된 유동성과 초국적 이주 네트워크의 구축과 활용도 재이주에 영향을 미쳤다. '이민자 사회 네트워크(migrant social networks)'는 사회자본의 형태를 띠는 일종의 공공재로 잠재적 이주자에게는 이주의 기대 위험을 낮추고 이주 후에는 구직, 주거지 선택, 수용국 사회로의 통합 등 이주에 따른 거래비용(transaction costs)을 낮추는 데 도움을 준다(Massey et al., 1993; Fagiolo and Santoni, 2016). 또한, 이민자 사회 네트워크는 이민이나 이주를 결정하는 데 주요한 정보를 제공하거나 감정적인 지원을 하는 등 거주국 내에서 공동체를 형성하고 영주하게 만드는 중요한 요인이 된다(Portes, 1995). 임명석은 광산에서 사귄 지인으로부터 미국행을 권유받았다.

"독일에 같이 있던 친구들 중에서 미국에 먼저 정착한 친구들이 많이 있었고, 그 친구들이 얼른 미국으로 들어오라고 했어요. 미국에 먼저 온 친구들이 편지를 해서 읽어보면, 옛날에 전화도 없을 때니까요. 미국이 좋다, 돈도 많이 벌고. 독일 마르크하고 미국 달러 환율이 그 당시 4 : 1이에요. 내가 600마르크를 받았는데 달러는 150불밖에 안 돼요. 그런데 미국으로 오게 되면 600불에서 800불을 벌 수 있다는 거예요. 그 돈을 어디 가서 벌어요? 한국에서는 공무원이 100불도 못 벌던 때인데요." (임명석, 1941년생)

파독 광산근로자들의 독일에서 미국으로의 재이주로 인해 양국

간 초국적 이주 네트워크가 형성되었고, 이를 통해 미국 이주와 정착에 대한 정보가 공유되었다. 임명석은 광산 동료와의 서신 교환을 통해 미국 노동시장 사정에 대한 정보를 얻게 되었고, 그것을 계기로 1969년에 친구가 먼저 와 있던 시카고로 건너왔다. 처음부터 자영업을 하겠다는 계획이 있었다기보다는 독일에서 경험한 노동직을 미국에서 지속하며 더 나은 월급을 받기 위해 재이주했다. 또 다른 면담자인 최용규가 LA로 온 이유 중에는 "일자리가 많다"는 것이었다.

> "왜 LA로 왔냐, 두 가지 이유예요. 첫째는 내 고향(포항)으로 가기가 제일 쉬웠잖아요. 그때는 호놀룰루, 샌프란시스코, 시카고, 뉴욕 정도 알았지만 LA는 별로 몰랐는데, 그런데 사람들이 거기는 일거리도 많고 여러 인종이 섞여 있어서 좋다 이 소리를 들었거든요." (최용규, 1939년생)

광산근로자들의 초국적 연결망은 재이주 목적지를 결정하는 데도 중요한 역할을 했다. 면담자들이 시카고와 LA를 재이주 도착 도시로 선택한 데는 광산 동료 중에 선발이주자로 정착해 있었기 때문인 경우가 많았다.

(1) 결혼과 가족 형성: 이주 네트워크의 증폭

이진호(1939년생)는 부인과 한국에서 사병과 간호장교로 만나서 결혼했는데, 자녀들을 한국에 남겨둔 채 1970년 부인을 따라 독일로 갔다. 이진호 외에 31명의 면담자는 전부 미혼으로 독일로 갔다. 당시 전체 파독 인력의 40%의 남성과 90% 이상의 여성이 미혼인 상태로 독일에 이주했다(재독동포50년사편찬위원회, 2015). 가족 동반 없이 단신으로 독일로 왔던 광산근로자들이 비슷한 시기에 이주한 또 다른 한인 이주자 집단인 간호사들과의 결합을 통해 가족 형성이 가능했고, 그러한 가족 형성은 독일 정주나 제3세계로의 재이주에 영향을 주었다.

본 연구참여자들도 대부분 독신으로 파독 되어 독일에서 배우자를 만나 결혼했거나 혹은 미국, 캐나다, 아르헨티나 같은 제3국에서 가정을 이루었다. 재이민 후 독일에서 만난 정혼자를 미국으로 초청하거나, 한국이나 타 지역 한인 여성을 소개받거나, 미국 여성(1명)과 결혼했다.

유형 1: 한국에서 결혼 후 파독 광산근로자(부인은 파독 간호사)로 독일로 이주
유형 2: 독일에서 만나 독일에서 결혼
유형 3: 독일에서 만나 미국, 캐나다, 남미로 재이주 후 결혼
유형 4: 미국 재이주 후 한국, 캐나다, 미국 거주 여성과 결혼

광산근로자와 간호사 신분으로 별개의 파독 과정을 거친 두 집단이 독일에서 같은 민족, 언어적 배경과 결혼 적령기의 유사한 연령임을 매개로 조우하게 된다. 상대적으로 간호사가 전문직에 속했지만, 광산근로자들보다 수적으로 더 많은 간호사가 같은 시기에 함께 독일로 온 까닭에 한인 남성들이 결혼 상대자를 찾는 것은 그리 어렵지 않았다(재독동포50년사편찬위원회, 2015). 특히 외국 생활을 결심한 경우 더욱 적극적으로 현지에서 한인 배우자를 구했다고 한다.

"독일에서 매주 주말이면 총영사가 주례하기 바빴어요. 우리 함본에는 한양고등학교 밴드부가 있어서 개들 불러서 결혼식을 했어요." (신법석,

1937년생)

독일에서 맺은 인연이 지속되는 경우가 많았는데, 부부 동반으로 미국으로 재이주하거나 독일의 정혼자를 미국으로 초청했다. 광산 근로자와 간호사 간의 결합으로 인해 한쪽 혹은 양방의 이주계획, 글로벌 차원의 취업 기회와 이주 네트워크가 새로운 도전의 동기유발이 되었다. 파독 광산근로자 출신인 박형만[5]의 자서전에는 독일에서 한인 간호사와 처음 교제하던 시절을 다음과 같이 회상하고 있다. 현재 부인은 한국에서부터 미국문화에 친숙함을 느꼈고 기독교인으로서 '기독교 국가'인 미국 이민을 선호하고 있었다.

"얼마쯤 사귄 뒤에 결혼하게 되면 어디에서 살고 싶으냐고 물었더니 단연코 미국이라고 대답하면서 자주 미국의 꿈을 꾸고 있다고 덧붙이는 것이었다. 그러면서 어릴 때부터 교회 생활을 통하여 미국에 관한 이야기를 많이 들었으며 미국인 선교사들과도 학교와 병원에서 깊이 사귀었다고 말해주었다. 그녀는 미국에 건너가서 잠시가 아니고 영원히 살고 싶다고 이야기하는 것이었다." (박형만, 2014)

독일에서 결혼하고 1977년에 부인과 같이 미국으로 재이주한 김기수는 이렇게 말했다.

"와이프랑 경북대 간호대학 출신이 세 명인데, 한 사람은 스웨덴에 있었고, 한 사람은 독일에 있었고, 한 사람은 미국에 있었어요. 미국이 낫

---

5 박형만은 실제 이름이다.

다고 해서 미국으로 들어온 거죠. 처음에 미국 올 때 병원으로 어플라이 (apply)해서 이민으로 왔어요. 그래서 그때 공항에서 두 시간 기다리니까 영주권을 주더라고요." (김기수, 1944년생)

간호사들은 국가 간 직업적인 연속성을 가지며 유럽과 북미 병원에서의 취업이 가능했고, 특히 미국에서 당시 일자리가 많아서 미국 입국과 영주권 취득이 더욱 쉬웠다. 1960년대 중반 급격히 성장한 미국의 의료보건 분야에서 미국 자체적으로 의료보건 요원을 충족하지 못하게 되자 필리핀, 인도, 아르헨티나, 한국 등과 같은 제3세계 국가들로부터 의사나 간호사들을 받아들이게 되었다(윤인진, 2016).

또한, 광산근로자들에 의한 초국적 이주와 유동성으로 인해 독일과 미국 간, 미국 내에서 다양한 층위의 사회적 연결망을 형성하게 되어 광산근로자와 간호사가 동반하여 미국으로 재이주하게 되면 이들 양방의 이주 네트워크와 물적·인적 자원이 결합하면서 효과가 증폭되기도 했다.

"독일에서 지금 집사람이랑 교제하고 있다가 나는 몇 개월 이후에 미국 간다 했더니 미국 가면 초청을 해달라고 했어요. 그래서 미국 와서 바로 몇 개월 있다가 집사람을 초청했어요. 결혼식은 미국에 와서 했고요." (김상윤, 1939년생)

광산근로자가 개별적으로 미국행을 결정하고 독일에서 교제하던 간호사를 나중에 미국으로 초청해서 결혼한 경우다. 선발(先發) 이주자로 미국에 먼저 도착한 광산근로자가 숙소를 마련하고 후발(後發) 이주하는 간호사의 미국 입국과 초기 정착에 도움을 주었다.

3
파독 광산근로자의
미국에서의 직업 변화

면담 당시 대다수 연구참여자는 은퇴 생활을 하고 있었지만, 소수는 멕시코와 LA에서 상당한 규모의 의류 사업에 종사하거나 대형 비행기서비스업체의 경영에 참여하고 있었다. 또한, 부동산 사업가와 우체국 공무원으로 계속 활동하고 있었다. 은퇴 이전 면담자들의 대표적인 직업으로는 자영업이 대다수를 차지했고, 그 외에도 주류경제 사 기업의 기술노동직에 근무했거나 직업군인 혹은 기술공무원으로 일했다.

재이주의 한 부류인 중남미 출신 한인의 경우에는 가족 단위로 중남미에 이주하여 비교적 장기간에 걸쳐(평균 12.6년 거주) 중남미 국가에 체류했고, 중남미에서의 의류 사업 경험을 살려 미국 재이민 이후 봉제업 혹은 관련된 세탁업에 종사하는 경우가 빈번했다. 또한, 중남미에서 봉제업을 통해 축적한 자본을 미국에서 사업자본, 주택마련, 자녀교육비로 지출했다(Bae, 2015). 이에 비해 독일 출신들은 비교적 짧은 기간 동안 독일에 체류했고, 이 시기 동안 임금의 상당량을 한국의 가족들에게 송금해서 미국 입국 시에는 평균 400~1,000달러 내외를 소지하고 있었다.

> "독일에서 돈 가지고 온 사람은 하나도 없어요. 그렇게 가지고 올 돈이 있었으면 독일 광부로 안 갔죠. 다들 맨손으로 와서 자수성가한 거죠. 저도 미국에 70불 가지고 와서 남의 집에서 접시 닦고 그거 모아서 시카고에서 가발 장사를 시작했어요. 그때는 100%가 자수성가했어요." (임명석, 1941년생)

면담자 중 미국 재이주 후에 광산에서 계속해서 근무한 사람은 없었다. 또한, 독일에서 광산근로자와 간호사를 상대로 소규모 식료품 장사를 한 경우는 있었지만, 대부분 독일 내에서의 사업 경험은 없었다. 전직 광산근로자들의 가장 일반적인 국가 간 직업 변화 패턴으로는 미국 입국 후 처음에는 주류경제의 노동자층으로 편입되어 노동과 극도의 절약 생활을 통해 창업자금을 마련한 후에 자영업을 시작하는 것이었다.

(1) 미국 재이민 초기 적응

1960년대 중·후반부터 시작하여 1970년대 초에 약 300명의 파독 광산근로자가 시카고로, 그리고 약 200명의 광산근로자가 남가주 지역으로 이주해왔다. 독일에서 주로 항공편으로 미국 뉴욕공항에 도착해서 버스를 타고 시카고와 LA로 건너갔다. 미국에 먼저 온 독일 광산 동료가 가장 큰 도움이 되었지만 소수는 유학 등의 사유로 미국에 체류 중인 지인이나 친척과 사전에 연락을 취하여 그들이 사는 도시로 오게 되는데, 이들을 통해 임시거처와 첫 직장에 연결되었다. 부차적으로 미국 초기 한인교회, 국민회, 동지회 같은 한인 단체를 통해 직업정보나 숙소 관련 도움을 받았다.

> "미국 오니까 아는 사람이 하나도 없었는데 시카고 한인 장로교회에서 운영하는 학생회관이 있었어요. 거기 주소 하나만 가지고 왔어요. 그래서 거기를 들어갔는데 방 하나를 세 사람에게 주더라고요. 일주일에 19불씩 냈어요. 거기 있으니까 미국에 있는 모든 정보를 받게 되더라고요. 유학생들이 주로 있었는데 2주 쉬다가 말도 통하지 않는데 일을 나가게 되었어요. 시간당 1불 60전을 받았고 일주일 지나면 한 80불 정도 받았던 것 같아요. 그러면 숙소 19불, 세 사람이 먹고사는 데 30불 정도 들었던 것 같아요." (박종근, 1938년생)

1960년대 중반부터 미국에 도착한 광산근로자들은 한인 자영업 피고용인으로 초기 정착하기보다는 독일에서와 같이 주류경제의 노동자층으로 경제적 적응을 시작했다. 마침 월남전 특수로 일자리를 구하기가 쉬웠다. 〈표 1.2〉에서와 같이 시카고와 LA의 산업기반이 되었던 식품 제조나 군수품 제조 관련 공장에 취업했다. 식당 종업원, 페인트공, 도로공사 기술자, 텔레비전 제작회사 기술자로 일하거나 자동차 공장, 기계공장, 베이컨공장에서 근무했다. 시카고에는 대규모 중공업 산업시설이 많아 한인이 비교적 쉽게 일자리를 잡을 기회가 많았는데, 임명석(1941년생)은 "시카고가 직장 구하기가 쉬웠어요. 미국에서 제일 큰 제철공장도 시카고에 있었고, 시카고에서 비즈니스가 제일 잘되었어요"라고 말했다.

미국에서 첫 직장을 구하기 위해 사적 인맥을 이용하는 것 외에 신문을 통해 찾는 방법이 있었다. 또한, 길거리의 구인광고문을 통해 정보를 얻기도 하고 식당이나 공장을 무작정 방문하여 일손이 필요하지 않은지 묻기도 했다.

> "직장 구하러 다니면 길거리에 사람 구한다고 쓰여 있어서 하루에 직장을 몇 군데 구할 수 있었어요. 회사마다 사람을 구하고 있었으니까요. 말을 할 수 있든지 없든지 손짓 발짓을 해서 우리가 일만 할 수 있으면 일을 시켰어요." (한현준, 1939년생)

독일 광산에서 체력단련이 되어 LA 소재 농수산물 가공업체인 파머존(Farmer John) 회사에도 취업했다.

> "파머존이라고 있는데 거기는 웬만한 사람들은 두 시간도 일을 못해요. 그런데 서독에서 온 사람들은 버티고 일을 했어요. 돼지 잡아가지고 소시지 만드는 돼지 도살장이에요. 나는 베이컨 만들었어요. 거기서 일하는데 우리가 독일에서 일을 많이 했어요. 그 정도로 일을 많이 했는데, 여기 왔더니 파머존에서 일을 하니까 일이 너무 고단한 거예요. 그래서 우리 일하는 데서 우리 아파트까지 2킬로 떨어져 있는데 일 끝나고 아파트까지 걸어가려면 다리가 휘청휘청하고, 손목을 얼마나 썼는지 문을 여는데 손잡이 잡고 틀어서 들어가야 하는데, 손목이 아파서 문을 틀 수가 없었어요. 그 대신 월급은 시간당 더블로 줬어요. 보통 다른 데는 1불 60전, 70전인데 우리는 3불 20전 받았어요." (김상윤, 1939년생)

또한, 독일 체류 동안에 광산 근무시간 외에 기술학교에서 용접 기술을 습득했거나, 미국 도착 후에 자동차 정비 기술을 배워서 취업에 활용하기도 했다.

> "독일에서 전기용접 자격증 3~4개를 받았어요. 용접학교에 야간으로 다녔어요. 일 끝나고 저녁에 배우고. 라이선스(license)를 여기 와서 보여주니까 회사에서 서로 오라고 했어요. 처음에는 용접도 했어요." (김수혁, 1938년생)

면담자들은 주류 노동시장의 하층을 이루며 공장에서 근무할 때조차 특유의 근면함을 바탕으로 파독 광산근로자 한 사람이 인정받아서 다른 한인을 같은 직장으로 끌어들이는 연쇄효과가 발생하기도 했다.

(2) 자영업 종사

앞서 언급한 바와 같이 미국에서 우체국 공무원이나 직업군인으로 혹은 평생을 기술노동직에 종사한 소수의 면담자도 있었다. 하지만 대다수 면담자는 다양한 규모와 업종의 자영업에 종사했다. 미국 도착 후 평균 3~4년 정도는 하나 또는 동시에 하나 이상 직장에서의 노동을 통해 창업자본을 마련하여 자영업을 시작했다. 이민 초기에는 공장에서 휴일이나 야간 동안에도 시간 외 근무를 했고, 한꺼번에 두세 가지 일을 하기도 하며 사업자금을 모았다. 배우자가 간호사여서 맞벌이가 가능하면 한쪽 월급만 생활비로 사용하고 나머지는 전부 저축했다고 한다. 생활의 중심이 노동 활동에 집중되어 있어서 기본적인 주거 비용과 식비 외에는 소비생활이 거의 없었다. 한인 유학생들은 생활의 중심이 학업이고 지출 면에서 생활비 외에도 학비로 상당한 경비를 소요했으며, 또한 졸업 후에는 미국에서 획득한 언어교육자본을 활용하여 한국이나 주류사회 사무직으로 취업할 수 있었다. 이에 반해 광산근로자 출신 중 일부 소수가 미국 이민 초기에 학업과 노동을 병행하기도 했지만, 대다수가 "돈을 벌겠다"는 경제적 목적이 미국행의 주 목적이었다. 대부분 언어장벽과 한국에서 받은 교육자본 전환의 한계로 인해 자영업에 종사하게 된다. 다른 경제적 대안이 없는 상황에서 자영업은 미국 사회에서 한인이 안정된 경제적 기반을 세우기 위한 가장 현실적인 수단이었다(윤인진, 2016).

　재미 파독 광산근로자 출신 중에는 1960년대 말에서 1970년대 초에 민족정체성과 생활방식의 계승과 밀접한 관련이 있는 한국음식점과 식품점을 최초로 개점하여 코리아타운 건설의 초석을 마련하기도 했다. 파독 광산근로자에 의해 세워진 시카고의 아리랑마켓, LA의 올림픽마켓, 한국 건축양식으로 지은 식당인 영빈관은 그 인접 지역으로 다른 한인사업체와 한인 인구의 유입을 가속화했다. 면담자들은 청소업, 자동차 정비소, 주유소, 주류판매점 등에 종사했고, 동족 고객을 중심으로 하는 업종뿐 아니라 소수민족과 다민족 고객을 대상으로 하는 사업에 종사했다. 또한, 시카고와 LA 두 지역 한인 경제의 근간이 되었던 가발업과 봉제업 등의 주요 사업을 가장 먼저 시작한 한인 이민자 부류였다.

　파독 광산근로자의 배우자 중 간호사들은 초국적 이동 과정에서 대부분 직업적 연속성을 가지고 일반적인 취업 과정을 따랐다. 이에 반해 파독 광산근로자들은 독일에서 일괄적으로 광산근로자로 근무하며 계층적 동질화를 경험했지만, 독일과 미국 사이 그리고 미국 내에서 다양한 직업과 직종 변천 과정을 겪게 되었고 비교적 자주 바뀌었다는 특징이 있다. 면담자들은 자영업 한 직종을 고수하기보다는 동시에 2개 이상의 사업을 경영하거나 업종을 자주 바꾸기도 했다. 또한, 개인사업의 부진으로 자영업 운영과 주류경제에서의 노동기술직을 번갈아 하기도 했다. 별도로 기술학교를 다녀서 사업을 시작하거나 혹은 파독 광산근로자들의 모임인 동우회 조직을 활용해서 사업 관련 정보를 얻고 기본적 운영 기술을 배우기도 했다.

미국에 정착한 파독 광산근로자들의 친목 단체인 동우회는 LA에서는 1969년, 그리고 시카고에서는 1973년에 조직되었고(한국파독광부총연합회, 2009) 광산근로자들의 미국 정착 과정에 사회적 자본으로 활용되었다. 시카고에서 주유소를 경영한 동우회 회원이 10명 정도였는데, 가장 먼저 이 사업을 시작한 김수혁(1938년생)은 "친구들이 우리 주유소에 와서 나한테 트레이닝(training) 받고 나한테 주유소 인포메이션(information) 가지고 갔어요"라고 증언한다. 김상윤도 청소업체에 관한 정보를 동우회 회원들과 공유했던 경험이 있다.

"청소업을 처음 시작하고 한 달 번 돈 중에 30%는 인건비, 재료비로 들어가고, 70%는 남는 거예요. 그러니까 매달 엄청나게 돈이 많이 남는 거예요. 내가 처음에 만 불 줬었는데 한두 달 하니까 다 찾았어요. 그래서 캐딜락 타고 딱 다니니까 동우회 친구들이 전부 다 와서 어찌 된 것이냐고 해서 내가 사정을 설명하고 빌딩 청소를 하고 있다 했더니 나도 하자고 했고 너도 하자 해서 독일에서 온 친구들 중에 일곱 사람을 내가 했던 거기를 다 소개를 해줬어요." (김상윤, 1939년생)

그림 1.7 시카고 파독 광산근로자와 파독 간호사 부부(이긍구, 이승자)
이긍구 전 시카고 동우회 이사장은 주유소 사업에 오랫동안 종사했고, 여러 한인 단체에서 활동했음.

　　독일에서는 체류 기간이 3년으로 제한되어 있었고 영주권 취득이 힘들었던 반면에 미국에서는 간호사 부인을 통해서나 본인의 직장을 통해 영주권을 획득하게 된다. 전통적인 이민 국가인 미국에서는 이민자들이 절차를 거쳐 법적으로 영구 체류 보장과 사업체 설립이 가능했기 때문에 전직 광산근로자들은 본인의 노력 여하에 따라 기술 노동자에서 소규모 자영업자로 안정적 경제기반을 마련하게 된다. 일부는 경제적으로 대성하여 상당한 규모의 사업을 이룩하고 미주 한인 자본으로 설립된 한인 은행의 이사장까지 역임했다.

4
맺음말

―――――――――

   이 글에서는 그동안 연구가 미진했던 파독 광산근로자의 재이주 경험을 이주 동기, 이주 경로, 초국적 직업 변화에 초점을 두어 고찰했다. 광산근로자로 독일로 1차 이주를 떠났던 한인 중 일부는 3년 계약 만료 후에 한국으로 귀국하지 않고 미국을 포함한 제3 국가로 재이주를 감행했다. 미국으로 재이주한 이유로는 귀국 후의 경제적 불투명, 독일에서의 장기체류의 어려움, 처음부터 미국행 계획, 미국에 대한 동경 등이 있었다. 경로 면에서 대부분의 면담자는 독일에서 미국으로 바로 재이주했지만, 일부는 한국이나 다른 제3국을 거쳐 다양한 경로로 미국에 입국했다. 면담자들의 재이주 결심과 실행 과정에는 한국, 독일, 미국뿐 아니라 캐나다와 중남미 국가 등에서의 이민법과 이주 관련 정책, 그리고 경제적 기회가 복합적으로 영향을 주었다. 또한, 광산근로자 상호 간 혹은 광산근로자와 간호사 간의 결합으로 인한 이주 네트워크 형성과 활성화가 재이주 과정에 많은 영향을 미쳤다. 한국에서 독일로 한시적인 손님노동자로 초기 입국했지만, 체류 연장이나 현지에서의 결혼과 가족 형성을 통해 본격적인 이민자로 변모했다.

1960년대 중반부터 미국에 도착한 파독 광산근로자들은 독일에서와 같이 주류경제의 노동자층으로 경제적 적응을 시작했고 대다수가 자영업에 종사했다. 일부 면담자들은 자영업과 주류경제 피고용인으로의 삶을 번갈아 취하기도 했다. 전 생애를 통해 직업이나 자영업 업종의 변화가 있기도 했고, 같은 시기에 2개 이상의 일을 하거나 사업에 종사하기도 했다. 한국에서 미국으로 바로 온 이민자들에 비견해서 파독 광산근로자들은 이미 한 차례 낯선 땅에서 주류경제 노동자로 타민족과 함께 직장 생활을 한 경험이 있었고 이는 미국 정착 과정에 도움이 되었다. 독일 생활을 통해 체력단련, 정신무장, 절약하는 습관을 체화하게 된다.

또한, 재이주의 다른 부류인 중남미 출신과의 비교도 가능하겠다. 이민자들이 창업기반으로 하는 자원은 민족자원(ethnic resource)과 계층자원(class resource)으로 구분할 수 있다. 한인의 계층자원으로는 높은 교육 수준, 중산층 이상의 사회적 배경, 미국 입국 시 많은 지참금 보유 등이 있고, 민족자원으로는 동족 간의 정보 교환, 장시간 노동, 무급 가족노동력 동원, 연고주의, 검소한 식생활, 학연, 가족, 집단결속력, 계 등을 꼽을 수 있다(장선미 외, 2006). 한국 정부는 1981년부터 미국 이민자들에게 최대 1만 불 창업자금 지참을 허용하기 시작했고(김백영, 2018), 또한 상당수의 중남미 출신 한인 재이민자의 경우에도 이전 거주지였던 중남미에서 의류 사업을 통해 일정 정도 혹은 상당량의 자본을 축적하여 미국으로 재이주했다. 이에 반해 독일 체류 기간이 길지 않았고 임금의 상당 부분을 한국으로 송금했던 파독 광산근로자들은 미국 입국 시 지참금이 많지 않았다. 면담자들은 후기 이민자나 중남미 출신과 비교하면 초기 지참금 면에서 상대적으로 높지 않은 계층자원을 보유하고 있었다. 하지만 파독 광산근로자들은 독일에서의 노동 경험뿐 아니라 파독 인력 간의 강한 결속력을 가진 연결망을 통한 높은 민족자원의 활용 경향을 보였다. 광산근로자들 간의 네트워크를 통해 정서적 지지뿐 아니라 일자리나 사업정보를 획득하여 미국 정착에 도움을 받았다. 면담자 대부분의 배우자가 간호사여서 양 집단의 이주 네트워크가 결합하여 사회적 자본의 강화와 증폭이 야기되었다. 1965년 미국 이민법 개정으로 의료계 종사자 같은 전문직 이민자를 우대함으로써 파독 광산근로자들은 배우자인 한인 간호사를 통해 영주권을 받기도 했고 맞벌이를 통해 초기 사업자본 축적이 상대적으로 용이했다고 한다.

가장 보편적인 경제적 적응 방식은 주류경제에서의 노동을 통해 자본 축적을 하고 개인자영업을 시작하는 것이었다. 면담자들은 동족 고객 중심으로 하는 다양한 업종뿐 아니라 타민족 대상의 사업에도 종사했다. 공간적 특징이 두 도시에서의 파독 광산근로자의 경제적 활동과 사업 규모 면에 영향을 미치기도 했다. LA에는 중소규모 자영업을 넘어서 소수는 상당한 규모의 사업을 이룬 사례가 있었다. 멕시코와 LA에서 대규모 의류 사업 또는 비행기서비스업체를 운영하고 있거나, 부동산 사업가로 대성한 면담자들이 있었다. 남가주 지역이 공간적으로 광대하여 많은 개발 여력을 지녔고, 중남미 이민자들의 지속적인 유입으로 사업 성공의 기회가 많았다고 한다. 파독 광산근로자 다수는 자영업에 종사하여 한인 상업지역 및 민족 집거지의 형성과 발전에 주춧돌 역할을 했다. 초기 한인사업체 설립을 통해 1970년대 이후 취업이민이 아닌 가족초청 한인 이민자들과 타민족에게 일자리를 제공했다.

1965년 미국 이민법 개정으로 1970년대부터 본격적인 한인 이민이 시작되기 전에 '삼각이민'을 통해 미국에 조금 일찍 도착한 파독 광산근로자들은 독일에서의 고된 경험이 바탕이 되어 "훤한 지상에서 못 할 일은 없었다"라는 자세로 미국 주류경제에서 열심히 일했다. 그 노동의 결실로 미국 도시에 한인사업체를 하나씩 세우고 한인 단체를 설립하거나 참여하는 일련의 과정을 통해 초기 재미한인공동체 건설에 상당한 기여를 했다. 이 글의 연구 결과를 활용해서 미국뿐 아니라 다른 유럽국가를 비롯하여 캐나다, 호주, 중남미 국가 등 파독 광산근로자들이 재이주했던 타 지역으로 연구 범위를 확장하여 다지역 간 비교연구로 파생되기를 기대한다.

2부

재미한인사회에 기여한
파독 광산근로자

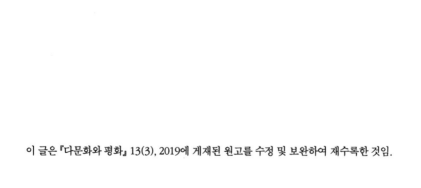

이 글은 『다문화와 평화』 13(3), 2019에 게재된 원고를 수정 및 보완하여 재수록한 것임.

1
"어깨에 온 가족을 얹고":
시카고, 로스앤젤레스로

재외동포 이주사에서 1965년을 전후하여 한인 이민자들은 본격적으로 미국, 캐나다 등의 북미, 아르헨티나, 브라질 등의 남미, 그리고 독일로 향했다. 독일행의 경우 1963~1977년 광산근로자 7,936명이, 그리고 1966~1976년까지 간호인력 10,723명이 파견되었다(재독동포 50년사편찬위원회, 2015). 파독 광산근로자 중 독일에서의 계약 기간 후에 40%는 한국으로 귀환했지만, 40%는 독일에 계속 잔류했고 20%는 제3국으로 재이주했다. 이처럼 이주가 양 국가 간에 일회적으로 발생하기도 하지만, 때로는 재이주(re-migration)나 순환이주(circular migration) 형태로 발전하기도 한다. 애초 단기간의 노동이주가 목적이었으나 상당수의 파독 근로자들은 귀국하지 않고 현지 교민으로 장기체류를 하거나 재이주를 선택하여 독일 인접 유럽국가나 미국, 캐나다, 브라질, 호주에 이르기까지 한국전쟁 이후 형성된 해외 한인 디아스포라의 시발점이 되기도 했다(정성화, 2013).

이 글에서는 이 중 한국에서 독일로 1차 이주를 떠났다가 차후 미국으로 재이주한 전직 파독 광산근로자들의 초국적 이동에 주목하여 이들의 사회경제적 정착 과정과 재미한인공동체 형성과 발전에서의 역할과 기여에 관해 고찰한다. 또한, 이전 경유지인 독일에서의 노동 경험과 연결망을 바탕으로 조직된 파독 광산근로자 모임인 '동우회'의 결성과 활동에 관해서도 살펴본다.

1965년 미국 이민법 개정 이후 가족초청 및 취업이민으로 한인의 미국으로의 본격적인 이민이 시작되었다. 외국 태생 재미한인 중에는 한국에서 미국으로 바로 이민 온 경우 외에도 독일, 베트남, 중남미 국가를 비롯하여 다른 국가를 거쳐온 재이민자들이 존재함에도 그동안 이에 관한 연구가 매우 미흡했다. 또한, 이민 성숙기에 이른 최근의 재미한인공동체 관련 주요 연구주제로는 이민사회의 세대교체, 상권의 이동, 교외화, 코리아타운 내 한국자본 유입으로 인한 국제화 경향이 포함된다. 하지만 여전히 한인공동체의 초기 생성 및 성장단계에 관한 실증적 연구는 매우 미진하다.

이러한 배경하에 이 글에서는 재미한인 이주사에서 중요한 이주 형태이지만 연구가 미진했던 디아스포라의 재이주 현상에 주목한다. 북미의 대표적인 한인사회이자 파독 광산근로자들의 재이주 목적지로 선호되었던 시카고와 로스앤젤레스(이하 'LA')를 연구대상 지역으로 삼았다. 이 글에서는 특정 지역의 재외한인에 대한 개별적인 사례조사에 머물지 않고 광산근로자 출신 한인 디아스포라를 공통매개로 하여 유사한 시기에 상이한 장소에서의 경험을 비교함으로써 미국 두 도시에서의 초기 한인사회 형성과 발전 과정에 관한 심층적 이해를 도모한다.

파독 광산근로자의 삶과 글로벌 모빌리티

(1) 파독 근로자와 재이주 현상

1960~1970년대에 걸쳐 7,936명의 광산근로자와 10,723명의 간호 인력이 독일로 파견되었다. 광산근로자의 경우 1965년, 1970년과 1974년에 1천여 명이 독일로 이주했으며 1967년에서 1969년 사이에는 10명 이하의 적은 수가 이주했다. 간호 인력의 경우 1966년 이후 계속 1천여 명 이상이 독일에 파견되었다(이광규, 2012).

기존 연구에서는 파독 근로자의 독일행 동기와 관련하여 독일로의 인력송출의 경제적인 성격과 기술 교육의 측면에서 연구가 진행되었다. 윤용선(2014)은 파독 인력송출의 경제적 성격에 관해 다루고 있는데 파독 인력송출을 원조가 아니라 한국과 독일의 상호호혜적 경제 관계 또는 거래로 보고, 또한 독일 취업은 국가의 동원이 아닌 순수하게 개인적인 결정이었음을 규정하고 있다. 박경용(2019)은 당시 독일 광산근로자가 되고자 했던 동기는 경제적 유인이 가장 컸으며, 이 외에도 돈을 벌어 유학의 꿈을 펼치거나 제3국으로의 이주 및 선진문물에 대한 동경 의식 등도 작용했다고 한다. 유진영(2014)은 파독 인력송출을 기술 교육의 측면에서 바라본다. 독일로의 인력송출이 경제적인 측면 외에도 한국 노동자의 기술훈련 목적으로 체결되었다고 보는데, 인력송출은 광산업계와 간호업계에서 독일의 발전된 기술을 배워 와 한국의 경제 및 사회 발전에 기여하려는 목적에서 시작되었다는 것이다. 직업훈련생이라는 명분으로 독일로 이주한 이들의 1차 목적인 교육적 측면에 대해 직업교육적 관점에서 한국과 독일에서의 교육제도를 비교 고찰하고 두 국가 간 광산근로자, 간호사 직업교육의 차이와 직무 호환 가능성에 관해 살펴보았다.

박경용(2018)에서는 파독 노동인력에 대한 기존 연구는 파독 인력송출의 역사와 정치, 경제, 사회문화적 성과에 대해 분석하거나(이영석·박재홍, 2006; 이영조·이옥남, 2013) 파독 인력의 현지 적응과 사회의식을 비롯한 일상생활사에 관한 연구(이장섭, 1998; 이영남, 2013)가 있다고 지적한다. 또한, 파독 인력에 의해 생산된 자전적 기록물과 관련 단체의 자료집 등이 있다고 한다.

학문적인 연구는 아니지만, 파독 광산근로자 모임에 의해 『파독 광부 30년사』(1997), 『파독광부 45년사』(2009), 『파독광부 백서』(2009)나 『파독 50년사: 광부·간호사·간호조무사』(2017) 등이 출판되었다.

독일과 한국을 연구대상 지역으로 하여 파독 광산근로자의 정체성을 분석하거나 역이주(return migration) 사례에 관해 진행한 연구도 있다. 양영자(2015)는 파독 광산근로자 출신 재독한인과의 인터뷰를 통해 생애사를 중심으로 내러티브 정체성을 분석했다. 개인과 가족, 직업, 민족 커뮤니티 관련 정체성이 독일 이주 이전과 이후, 그리고 노년기를 중심으로 복잡한 양상을 띠며 특히 '한인 단체 리더나 멤버', '교

그림 2.1 태백시 태백석탄박물관 전시품

　　　　　　　　　　　　　파독 광산근로자의 삶과 글로벌 모빌리티

육가', '유능한 여성의 지아비' 혹은 '초국적 사업가'로서의 정체성이 비중 있게 논의되고 있음을 발견했다. 또한, 이영석·박재홍(2006)은 남해군의 '독일마을'에 입주한 노동이주자들의 역이주와 귀향 의식을 혼합 방법에 입각해 분석했다. 이들의 이주 생활은 독일문화를 내재화한 동시에 한국문화도 지켜나가는 통합된 방식으로 이루어졌지만, 한국에 대한 이해는 춥고 배고팠던 1960년대의 한국과 잘사는 나라 현재의 한국이라는 상반된 이미지에 근거하고 있어 역이주 생활 시 한국문화를 수용함에 있어 어려움을 갖는다고 했다.

하지만 한국 현대사와 재외한인 연구에서 그 중요성이 상당함에도 전반적으로 파독 인력을 대상으로 하는 연구가 매우 미진하고, 특히 파독 광산근로자에만 집중한 연구는 매우 부진하다(박재영, 2013).

한편으로 재미한인 1세대나 1.5세대 중에는 한국 출생자뿐 아니라 다른 국가를 거쳐온 재이민자들이 존재함에도 그동안 이에 관한 연구가 매우 미흡했다. 재이주의 한 부류인 중남미 출신 재미한인에 관한 연구는 일부 진행되었고, 이전 중남미에서의 이민 경험과 초국적 연결망은 미국 재적응 과정에 상당한 영향을 미쳤다. 특히 이들은 중남미에서의 의류 관련 사업 경험을 살려서 LA와 뉴욕지역에서 재미한인 의류 사업을 발전시켰고, 스페인어 언어능력을 활용하여 중남미 이민자와 재미한인을 대상으로 직업소개소를 운영하기도 했다(Bae, 2014 & 2015). 이에 반해 독일 광산근로자 출신의 미국으로의 재이주와 정착에 관해 본격적으로 다룬 연구는 매우 미진하다. 파독 광산근로자들의 이주가 공간적으로 확대되어 현재 거주지 분포가 한국과 독일뿐 아니라 미국, 캐나다, 호주 등으로 다양화되었고, 타 지역 초기 한인사회공동체 형성에 기여한 점 또한 감안하여 독일 외 지역에서의 이주 경험의 고찰도 필요하다.

이러한 배경하에 이 글에서는 파독 광산근로자 출신을 독립적인 연구대상으로 삼아서 이들의 미국으로의 재이주 현상에 관해 경험적으로 연구한다. 또한 파독 광산근로자의 이주와 정착의 경험에 주목하여 이를 한독 양국의 경계를 넘어 글로벌 층위에서 분석한다.

(2) 재미한인사회의 형성과정

① 시카고 코리아타운 변천사

에스닉타운(ethnic town)이란 "특정 국가에서 해당 국가의 주류 민족이 아닌 소수민족집단이 일정한 공간적 범위에 밀집하여 거주하는 지역"을 의미한다. 특정 민족이나 국가 출신의 이주민들은 직업, 주거 등에 관한 정보 교환과 상호부조 같은 자발적 필요에 의해 네트워크를 형성하게 되고, 공간적으로 점차 밀집하여 에스닉타운을 형성하게 된다(심창섭·강형철, 2017).

시카고 코리아타운이 가시적인 지리적 공간을 차지하며 형성되기 시작한 것은 1960년대 중반부터다. 한인 상권이 처음 이뤄진 곳은 시카고 북부지역에 해당하는 클락가 주변 지역이다. 한인은 시카고 시내로 가는 교통시설이 편리하고 저렴한 주거비 때문에 클락가에 밀집하기 시작했다. 1971년 클락가에는 한국음식점(5개), 한국식료품점(6개), 여행사(1개)와 서점(1개)이 있었고, 1972년에는 한인사업체가 24개로 증가했다. 1970년대 중반까지 60여 곳의 한인 중심 사업체가 이곳에 들어서면서 초기 시카고 코리아타운이 형성되었다(윤인진, 2005; 시카고 한인사출판위원회, 2012).

하지만 1970년대 중반을 지나면서 한인은 클락가 북서쪽에 위치

파독 광산근로자의 삶과 글로벌 모빌리티

한 로렌스가로 이주하기 시작했다. 로렌스 지역은 1970년대 초까지만
해도 유대인 밀집 지역이었는데, 이들이 타 지역으로 옮겨가고 한인의
집중거주지와 상권이 되었다. 유대인 사업체가 떠나 비어있는 로렌스
가를 중심으로 몬트로즈, 링컨, 브린마, 킴볼, 켓지 등지로 한인이 밀집
하기 시작했다. 특히 킴볼 전철역은 도심으로 출퇴근하는 한인에게 편
리한 교통 요지여서 이곳을 중심으로 많은 한인 업소들이 모여 있었
다. 1977년 처음으로 로렌스가에 위치한 한인 상점은 사진관이었다.
그때 이후 한인 사업체가 급속히 증가하여 1980년대 로렌스가 인근에
는 270여 한인 고객 중심 상점이 형성되면서 한인 중심지로 정착했다
(시카고한인사출판위원회, 2012). 교외 지역으로 많은 업소가 이전하기 전
까지 '코리아타운'으로 불렸고, 로렌스가 일부는 시카고시에서 '서울
드라이브(Seoul Drive)'라는 거리명을 얻게 되었으며, 고속도로 로렌스
가 출입로에 '코리아타운(Korea Town)'이라는 표지판이 들어서기도 했
다. 한인사회가 커짐에 따라 자연발생적으로 금융, 보험, 자동차, 여행
사, 부동산, 회계사, 식당 등 한인을 대상으로 하는 사업이 성행했고, 여
러 다양한 업종이 생겨났다(성유나, 2005). 하지만 로렌스가 코리아타운
은 1990년대 말부터 시카고 경기와 맞물려 쇠퇴하고 한인의 교외화로
인해 지금은 명맥만 유지할 정도로 크기가 줄어들었다. 이들 지역에는
현재 히스패닉, 인도인, 중동인 등이 모인 다인종 타운으로 변했다.

　　1990년대를 거치면서 한인의 교외화 현상이 두드러지게 진행되
었다. 1990년대 이후 이민자들은 경제적인 여유를 갖고 정착하기 시
작했고, 기존 동포들도 오랜 정착 기간으로 어느 정도의 경제적 안정
을 확보하여 더욱 좋은 환경을 찾아 시외로 진출하기 시작했다. 북쪽
으로는 시카고와 가까운 링컨우드, 스코키, 나일스, 몰턴그로브 지역
과 서북쪽으로는 샴버그와 알링턴 하이츠 지역으로 이주했다. 학군과

거주 조건이 뛰어난 글렌뷰와 노스브룩은 가장 많은 한인이 거주하고 있는 대표적인 한인 밀집 지역이다. 따라서 밀워키와 골프를 중심으로 하여 북쪽으로는 레이크까지, 서쪽으로는 로셀 샴버그 지역까지 한인 상가가 형성되었고 한인 거주자가 밀집했다. 나일스에는 대형 한인 마켓들이 입점해 있고 골프가와 밀워키가 교차하는 골프밀 사거리가 시카고 북부 교외 지역 한인 상권의 중심지가 되었다(시카고한인사출판위원회, 2012).

1970년대, 1980년대의 이민이 대부분이고 1990년대 이후 한인 이민의 시카고 유입은 아주 미미하다(김광정·김신, 2002). LA는 지리적으로 한국과 가깝고 날씨가 좋은 연유로 한국과 타 지역으로부터의 신규이민과 초국적 자본 유입이 계속되었다. 이로 인해 LA 시내의 코리아타운이 존속하며 변화를 거듭해왔다. 이에 반해 시카고에서는 한인 이민자들의 교외화로 인해 종전 시카고 다운타운에 위치했던 클락과 로렌스의 코리아타운은 쇠퇴하고 흔적만 남았다. 차세대들은 주류 사회의 전문직에 종사하거나 경제적 기반을 마련한 한인은 조용하고 교육환경이 좋은 교외 지역으로 이주하여 한인 상권 역시 분산되었다.

② 로스앤젤레스 코리아타운 변천사

LA의 코리아타운은 처음에 하와이로 이주했던 한인 노동자들이 1905년 이후 미국 본토 서부로 재이주하면서 형성되기 시작했다. 1905년 LA에는 유학생, 인삼 상인, 그리고 하와이 출신을 포함하여 약 60명의 한인이 있었다. 이들 초기 한인 이주자는 LA지역의 장로교 선교위원회의 도움으로 종교단체를 조직했는데, 이들은 LA 다운타운 내 벙커힐에서 매주 종교적인 집회를 열었다. 재미한인은 1930년대 초반까지 잡화점, 세탁소, 구두수선점을 운영했다.

1930년대에 이르면 650명 정도의 한인공동체 중심이 웨스턴과 버몬트 사이의 제퍼슨가로 이동한다(Kim, 2011). 1930년대부터 1960년 대 초까지 한인사회 중심지는 남가주대학 근처의 제퍼슨가였는데, 이 '올드 코리아타운'의 재미한인은 1938년 웨스턴제퍼슨가에 한인연합 장로교회를 건축했고 같은 해에 대한인국민회 북미총회관이 샌프란 시스코에서 LA로 이전하여 교회 인근에 세워졌다. 교회와 국민회관 중심으로 커뮤니티가 형성되었고 이 외에 흥사단 단소, 동지회 회관, 그리고 73개의 사업체가 있었다(Kim, 2011: 윤인진, 2016; 민병용, 2017). 초 기 한인 거주지역이 웨스턴과 버몬트에 형성된 이유로는 아시아인의 집중으로 인종적으로 관대했다는 것, 낮은 부동산 가치로 인해 상대적 으로 임대료가 낮았다는 것, 다운타운과 가까워서 일자리를 찾기 쉬웠 다는 것, 그리고 대중 교통수단을 사용하기 편리했기 때문이다(윤인진, 2016; 민병용, 2017).

1960년대 한인은 올림픽가, 크렌쇼가, 후버가 사이에 새로운 집 과 사업체 입지를 찾기 시작했다. LA에서 1965년 와츠폭동(Watts Riots) 이 발생하고 남부 지역에 흑인 인구가 증가하면서 백인과 일본인 사 업가들이 이 지역을 벗어나기 시작했고 그 빈 공간을 한인 이민자들 이 채우게 된 것이다. 본격적인 코리아타운 조성 전인 1970년대 초 올 림픽가에는 영세한 흑인과 남미계의 몇몇 상점, 중국인 세탁소, 일본 인 이발소가 있었다. 한인 상인들이 슬럼화가 되어가는 올림픽가의 상 가를 활성화시켰다(Yu, 1983; 윤인진, 2016; 민병용, 2017).

1962년 한국에서 해외이주법이 제정되고 1965년 미국 내의 이민 법이 개정되어 가족초청 및 직업기술이민으로 한인이 유입되면서 상 대적으로 저렴하고 도심과 접근성이 용이한 LA의 올림픽가에 한인 자영업체와 거주자가 늘어나기 시작했다. 1970년대 초 LA 한인사회에는 약 7천 명의 동포들이 살고 있었다. 주로 초기 이민자와 그 후예들 그리고 유학생과 개정 이민법으로 들어온 새 이민자들이 한인사회를 형성하고 있었다. 발전 초기에는 동서로 버몬트가, 웨스턴가, 남북으로는 올림픽가와 8번가 사이를 '코리아타운'이라고 했다. 이후 계속된 한인의 유입으로 1970년에는 약 1만 명이, 1975년에는 약 6만 명이 거주하고 있었고, 1970년대 중반까지 70개의 한인교회가 설립되었으며 12개의 불교사원, 100여 개가 넘는 이민 조직체들이 형성되었고 1,400여 개의 소규모 한인 상점이 만들어졌다(김진영, 2012).

1974년 말까지 올림픽가의 후버에서 크렌쇼까지 50여 개의 한인업소가 있었다. 올림픽가 일대는 한인 상가가 몰려들기 시작해 점차 코리아타운으로서 면모를 갖추었다. 1977년 코리아타운의 한인업소는 290개로 이 중 80개가 올림픽가에 위치해 있었다(박홍률, 2019). 1970년대 후반까지 한인은 올림픽가, 8번가, 후버가, 웨스턴애비뉴 사이에서 사업체 대부분을 운영했다. 2010년 미국 인구 센서스에 따르면 코리아타운 내 상주 한인 인구만 5만 7,700명에 이른다고 하며, 최근에는 코리아타운 상권이 더욱더 전문화·대형화·다양화되었다(민병용, 2017).

LA 코리아타운이 건재하며 발전을 거듭하는 동시에 1980년대와 1990년대에는 LA 남부의 토랜스, 가디나, 세리토스 등을 비롯한 외곽 근교가 한인공동체로 부상하게 되었다. 새롭게 개발된 외곽지역에 거주하는 한인은 흩어지지 않고 지리적으로 여러 개의 군집을 이루었다. 그리고 한인 사업가들은 이 지역에서 중산층의 한인 고객을 겨냥하여 사업체를 열기 시작했다. 샌페르난도 밸리와 오렌지 카운티에 가까운 지역은 한인 인구가 현저하게 증가했고, 동시에 글렌데일, 패서디나, 몬터레이 파크, 그리고 롤랜드 하이츠는 한인의 새로운 근교 지역으로

그림 2.2 로스앤젤레스 코리아타운
출처: 한국학중앙연구원

급성장했다(윤인진, 2016).

코리아타운에 거주하는 한인과 교외 지역에 거주하는 한인 사이
에는 경제적 격차가 존재한다. 주로 영어에 불편함이 있는 신규이민
자, 일용직 노동자, 혹은 연장자 등이 코리아타운의 주 거주층이다. 코
리아타운은 남미계 이민자들이 다수이면서 또한 여러 인종이 거주하
는 지역이다(윤인진, 2016). 2008~2010년 기준으로 한인은 전체 코리아
타운 인구의 22%에 불과하고 남미계가 58%에 달한다. 하지만 이곳은
여전히 한인의 대표적인 상업중심지이며, 외국 태생 인구 비율로는 한

인 인구가 가장 많고, 한인 비즈니스가 가장 많이 밀집되어 있다(박정선·김바바라, 2015).

(3) 재미 파독 광산근로자 면담자의 특징

이 글에서는 기존 연구에 대한 문헌분석 외에 각국의 공식문건, 역사적 사료, 신문자료, 통계자료, 이민사회 기록물과 파독 광산근로자 자서전을 활용했다. 핵심이 되는 연구 방법으로 면담 방법을 채택했다. 2019년 1월 28일과 2월 23일 사이에 미국 시카고와 LA지역을 중심으로 32명의 파독 광산근로자 출신 재미한인과 면담을 실시했다. 면담자 모집은 미주 한인신문과 한인 단체('시카고동우회', 'LA서독동우회', '시카고한인회', 'LA한인회' 등) 그리고 연구자의 지인을 통해 소개받았고 초기 면담자가 다른 면담자를 소개하는 '눈덩이 표집법'을 활용했다. 구체적인 면담 질문으로는 면담자들의 사회인구학적 배경, 파독 전 한국에서의 상황과 독일로의 1차 이주 경험, 그리고 미국으로의 2차 이주와 정착과 관련된 질의로 구성되었다.

면담자는 총 32명의 남성으로 연령 면에서는 70~80대에 속했다. 고향은 서울, 경기도, 경상도, 전라도, 충청도 등 전국 각지 출신들이며 3명은 북한 출생이었다. 한국에서의 최종 학력은 대부분 고졸 이상이었는데 독일 출국 전 한국에서의 직업은 대학생이거나 공무원, 영업사원, 일반회사원 등의 직종에 근무하고 있었지만, 상당수는 당시 높은 실업률을 반영하며 무직 상태였다. 면담자 대다수(약 84%)가 1960년대에 독일에 갔고, 5명이 1970년대에 독일로 이주했다. 면담자들은 대부분 1960년대 중반부터 1970년대 초반에 걸쳐 미국으로 재이주했다.

파독 광산근로자의 삶과 글로벌 모빌리티

독일행 동기로는 경제적인 이유가 가장 중요했고, 부차적으로 교육의 기회에 대한 희망과 외국에서 살아보고 싶다는 욕구도 포함되었다. 그리고 파독 광산근로자들이 독일에서 3년 계약만료 후 독일에 잔류하거나 한국으로 귀국하지 않고 미국으로 재이주한 이유로는 귀국 후의 경제적 불투명, 독일에서의 장기체류의 어려움, 처음부터 미국행의 계획, 미국에 대한 동경 등이었다.

일반적으로 미국으로 재이주한 후 전직 파독 광산근로자들은 이민 초기에는 주류경제의 노동자층으로 경제적 적응을 시작해서 창업자금을 형성한 후에 본인의 자영업을 시작했다. 면담자들은 미국 이민 초창기에는 식품제조공장이나 군수품공장에서 근무하거나 식당 종업원, 페인트공, 도로공사 기술자 등으로 일했다. 면담 당시 대다수는 이미 은퇴했지만, 소수는 상당한 규모의 의류 사업과 비행기서비스업체 경영에 참여하고 있었고, 우체국 공무원 및 부동산 사업가로 계속 활동하고 있었다. 은퇴 이전의 대표적인 직업으로는 자영업이 대다수를 차지했고, 주류경제 사기업의 기술노동직에 근무하거나 직업군인 혹은 기술공무원으로 종사했다. 본 연구에 참여한 면담자들의 이름은 개인 사생활 보호를 위해 가명(假名)을 사용한다. 단, 이미 출판된 자서전, 신문자료 및 여타의 기존문헌 인용 시에는 파독 광산근로자의 실명(實名)을 사용한다.

표 2.1 재미 파독 광산근로자 면담자 정보

순서	이름	출생 연도	고향	최종 학력/한국에서의 직업(근무지)	독일 이주 연도	미국 이주 연도	대표적 자영업/직업	미국 거주 지역
1	서정훈	1937	서울	대학 중퇴/학생	1964	1967	개발업, 청소업, 의류업	LA
2	김기수	1944	서울	고졸/전기공사협회	1971	1977	선글라스 가게, 부동산회사 근무	LA
3	최용규	1939	포항	대학 중퇴/자전거 영업	1965	1967	자동차정비업, 청소업, 봉제업	LA
4	김성윤	1939	부산	대학 중퇴/무직	1965	1968	청소업, 봉제업, 한인 은행 이사장	LA
5	최진석	1937	광주	대학 중퇴/무직	1964	1967	주유소, 자동차 정비업, 부동산업	LA
6	박기혁	1938	완주	대학 중퇴/무직	1964	1987	호텔업, 보험업, 부동산업	LA
7	정우진	1938	김제	대졸/태권도 사범	1966	1970	조경업, 주유소	LA
8	김경호	1940	수원	대학 중퇴/무직	1964	1968	소매점, 스포츠용품점	LA
9	홍인성	1936	수원	정유공장 운영	1965	1966	비행기서비스업	LA
10	오민철	1941	평산	대졸/체육선수	1970	1972	직업군인	LA
11	김명준	1939	일산	대졸 중퇴	1965	1971	주류판매점	LA
12	정재훈	1938	부여	대학 중퇴	1964	1971	치과기공소, 주류판매점	LA
13	안호성	1943	연백	고졸/무직	1970	1995	의류업, 세차업	LA
14	정은석	1936	서울	고졸	1964	1967	식당업	LA
15	민원표		제천	대졸/기자	1971	1979	태권도장	LA
16	박종근	1938	광주	대학 중퇴/회사원	1965	1967	세탁업	시카고
17	임명석	1941	서울	무직	1965	1969	개발업, 청소업, 세탁업	시카고

파독 광산근로자의 삶과 글로벌 모빌리티

순서	이름	출생연도	고향	최종 학력/한국에서의 직업(근무지)	독일 이주 연도	미국 이주 연도	대표적 자영업/직업	미국 거주 지역
18	홍정수	1937	천안	대학 중퇴/공무원	1965	1968	치과기공소	시카고
19	이진호	1939	조치원	대학 중퇴/판매원	1965	1973	의류업, 식당업	시카고
20	구철우	1938	강원도	고졸/공무원	1965	1971	세탁업	시카고
21	손영재	1939	서울	대학 중퇴/무직	1965	1972	식당업	시카고
22	서웅석	1937	서울	대졸/대한주택공사	1965	1972	식당업, 주유소	시카고
23	윤형식	1937	고흥	대학 중퇴/무직	1965	1968	자동차정비업, 기술공무원	시카고
24	송재승	1940	서울	대학 중퇴/학생	1963	1967	주유소	시카고
25	신범석	1937	광주	배구코치	1964	1970	세탁업	시카고
26	황동원	1941	서천	대학 중퇴/학생	1963	1968	갤러리 사업	시카고
27	강수용	1938	북청	대학 중퇴/학생	1964	1968	청소업	시카고
28	최현욱	1943	서울	고졸/월남파병 근무	1971	1977	식당업, 우체국 공무원	시카고
29	한헌준	1939	경주	고졸/광산일	1964	1967	자동차 부품회사 직원(38년 근무)	시카고
30	김수혁	1938	한산	고졸/경향신문 보급소 운영	1965	1968	주유소	시카고
31	오종수	1941	부산	대학 중퇴/보험회사	1965	1968	기념품, 의류업	시카고
32	조병일	1943	영천	대학 중퇴/무직	1965	1966	기계공장, 주유소	시카고

주) 일부 면담자들은 미국 내에서 빈번한 지역 간 이주를 하기도 했는데, 상기 표에서 '미국 거주지역'은 면담자들이 가장 오랫동안 거주했던 도시나 면담 당시 거주 도시를 기준으로 했음.

2
사회적 자본으로서의 '동우회'

한국에서 미국으로 바로 이민 온 부류에 비해 전직 파독 광산근로자들은 이미 한 차례 낯선 땅에서 주류경제 노동자로 타민족과 함께 직장 생활을 해본 경험이 있어서 이는 미국 정착 과정에 상당한 도움이 되었다. 광산근로자들은 독일 생활을 통해 체력단련, 정신무장, 절약하는 습관을 체화하게 된다. 그리고 무엇보다 광산근로자들 간의 네트워크를 통해 정서적 지지뿐 아니라 일자리 정보를 얻을 수 있어서 이민 생활에 많은 도움이 되었다고 한다. 비공식 연결망을 통한 단체들이나 준공식 조직은 단순히 심리적인 유대감을 제공할 뿐만 아니라 실질적인 물적 기반이 되기도 한다. 이러한 비공식 연결망은 이른바 사회적 자본(social capital)의 기능을 한다(김왕배, 2002).

독일에서 한인 광산근로자였다는 점을 매개로 미국 주요 도시에 파독 광산근로자들의 친목 단체인 동우회가 창설되었다. LA에서는 1969년에, 그리고 시카고에서는 1973년에 파독 광산근로자들에 의해 동우회가 조직되었다(한국파독광부총연합회, 2009). 시카고에는 동우회의 전신으로 '우거지회'(큰 뜻을 품은 벗들의 모임이라는 뜻)가 있었고 1973년 '친목도모, 상부상조, 재미한인사회 발전'이라는 목적을 가지고 5장 19조로 된 정관을 마련한 후 138명의 등록회원을 갖고 공식적으로 창립되었다(시카고한인사출판위원회, 2012). 시카고의 1973년 동우회 첫해 연말모임은 회원들의 독일 이주 배경과 관련 있는 독일연합회의 장에서 개최되었다. 초기에는 150여 명이 회원으로 가입했으나 현재는 30~40명 정도가 시카고에 남아있다(임명환, 2013).

독일에서 광산 분포에 따라 한인 광산근로자들은 뒤스부르크, 프랑크푸르트, 뮌헨 같은 독일의 서부 광산지대와 남부 독일에 분포되었다(나혜심, 2016). 독일에서 실질적으로 같은 광산에서 근무했거나 혹은 광산근로자로서 고된 노동 경험과 독일 생활에 대한 기억의 공유를 바탕으로 형성된 광산근로자들 간의 유대감과 동지애는 매우 강했다.

"동우회원들은 옛날에 몇천 미터 들어가서 광산 갔던 생각을 해서 학교 동창보다도 더 소중하게 생각을 했어요. 같이 고생을 했으니까요. 군대를 같이 간 전우보다 더 소중하고 그랬던 기억이 납니다." (임명석, 1941년생)

시카고 동우회의 경우에는 1973년 조직된 이후 매년 공식적인 연말 행사를 개최했고, 2013년부터는 설날 모임, 추수감사절, 여름 골프대회 등 1년에 세 차례 정기모임을 가지고 있다. 동우회 모임에서 회원들이 즐겨 부르는「서독 땅 3년!」의 노래 가사는 다음과 같다.

백두산 정기따라 구름 타고 떠난 / 서독 땅 3년! / 꿈 많은 사나이 가슴에는 땀방울로 얼룩지고 / 사나이들의 말없는 정 흘렀었네. / 어둠 속 등불

머리에 차고 / 태양을 향한 정열의 사나이들! / 청룡, 백룡, 흑룡이 되어 / 태고의 지하 3천수를 뚫고 우뚝 섰네. / 그대 이름 산업전사라 했던가. / 동우의 푸른 꿈 나래 펴고자 / 시카고 호반에 둥지를 튼 사나이들 / 이역 만리 정기를 흔드는 독수리들처럼 / 푸른 창공 향하여 더 높이 더 높이 / 날아보자 그대 이름 동우여!

그림 2.3 시카고 동우회 모임에서 회원들이 즐겨 부르는 「우리의 노래」, 「서독 땅 3년!」 노래 가사

출처: 배순기 전 시카고 동우회 회장 제공

한국에서 독일을 거쳐 다시 미국으로 반복적인 이주와 정착 과정을 함께하며 동우회 회원들의 결속력은 강화되었다. 또한, 주로 이들 배우자가 파독 간호사 출신인 경우가 많아서 간호사 간의 친분이 더해져 가족 단위의 교류와 유대 강화가 이루어졌다. 미국으로 재이민한 후에도 파독 간호사들은 간호직을 유지하면서 미주간호협회 회원으로 활동했으며 남편과 함께 동우회 활동도 함께해왔다. 동우회를 통해 기존 인맥이 결집되고 또한 새롭게 확장된 인적 네트워크가 광산근로자들의 미국 적응에 다양한 측면에서 사회적 자본으로 활용되었다. 이민 초창기에는 동우회 회원들 간에 일자리나 사업 관련 정보를 교환하고 직업 훈련을 도왔다.

"동우회원이 200명 정도 되었는데 서로 교환하는 거예요. 여기 가면 일자리나 사업이 뭐가 좋다, 저기 가면 뭐가 좋다 하고요. 정보를 교환하고 하니까 이렇게 빨리빨리." (최용규, 1939년생)

"청소업을 처음 시작하고 한 달 번 돈 중에 30%는 인건비, 재료비로 들어가고, 70%는 남는 거예요. 그러니까 매달 엄청나게 돈이 많이 남는 거예요. 내가 처음에 만 불 꿨던 거 한두 달 하니까 다 찾았어요. 그래서 캐딜락 타고 딱 다니니까 동우회 친구들이 전부 다 와서 어찌 되었냐 해서 내가 사정을 설명하고 내가 빌딩 청소를 하고 있다 했더니 나도 하자고 했고 너도 하자 해서 독일에서 온 친구들이 일곱 사람이 내가 했던 거기를 다 소개를 해줬어요." (김상윤, 1939년생)

전직 파독 광산근로자들은 청소업, 봉제업, 주유소 경영 같은 미주한인의 주요 사업 업종을 가장 먼저 시작한 부류에 속했다. 시카고에서의 주유소 창업과 LA에서의 봉제업 창업에서 동우회를 통해 사업정보 교환이 가능했고, 광산근로자 한 사람의 사업적 성공이 같은 업종으로 다른 광산근로자들의 연쇄적 유입을 초래했다. 하지만 광산근로자들이 재이주 초기부터 서로의 자원을 결집하고 함께 단결한 것은 아니었다. 강수용(1938년생)은 시카고 동우회 태동 배경에 대해 다음과 같이 말했다. 1960년대 말 유학생 중심의 시카고 한인사회에서 대다수 광산근로자는 처음에는 독일 광산 출신임을 밝히지 않았다고 한다.

> "1968년도 시카고에 왔을 때 대부분 유학생이었는데 독일에서 온 사람들이 독일에서 왔다고 하지 말라고 했어요. 삼미장 식당에서 유학생들이랑 같이 모여서 모임을 하는데 거기서 내가 '독일에서 3년 일하고 왔습니다'라고 인사를 했어요. 말하지 말라고 했는데 왜 말했냐고 주먹다짐을 했어요. 자존심이 상해서 어떻게 하냐고 했어요. 그 이후에는 사람들이 공공연하게 독일에서 왔다는 얘기를 했어요. 1973년에 동우회가 생겼어요. 독일에서 온 사람이 독일에서 왔다는 얘기를 안 하는 것은 우리가 약하기 때문이 아니냐, 그러면 뭉치면 안 되냐 해서 창립이 되었어요." (강수용, 1938년생)

유사하게 1967년 LA에 도착한 최진석(1937년생)은 이렇게 기억한다.

> "미국에 왔는데 우리 친구들은 다 창피하니까 다 자기가 유학생이라고 하고 다녔어요. 영어 배워서요. 그런데 난 도착하면서부터 광부 출신이라고 했어요. 180명쯤 왔거든요. 전부 자기는 유학생이라고 했어요. 그

때 광부가 가장 천한 직업이에요. 우리가 105명이 갔는데 대여섯 명이 죽었어요." (최진석, 1937년생)

광산근로자에 대한 한국인의 낮은 직업적 인식과 원래 비교적 고학력임에도 직업적 하향화를 겪으며 독일에서 광산노동자로 일했다는 사실이 처음에는 "내놓고 자랑할 만한 일은 아니었다"고 한다. 애초에는 소수가 개별적으로 미국에 도착했고 당시 주류였던 유학생에 비해 한인사회 내에서 비가시적인 부류였다. 하지만 동우회 설립을 통해 비로소 단결하고 자영업 경영 등을 통해 회원들이 축적한 경제력을 바탕으로 커뮤니티 정치와 봉사활동에 활발하게 개입하기 시작했다.

면담자들은 대부분 20대에 파독 되었다가 서른 살 전후의 비교적 젊은 청년기에 미국으로 건너왔다. 비슷한 연배로 당시로서는 상당한 규모의 동질 배경을 가진 단일 집단이었다. 동우회는 한인사회 내에서 비교적 일찍 설립되었고 점점 영향력 있는 단체가 되었다.

"첫째, 우선 숫자가 많았어요. 우리가 단결해서 파워가 있었던 것이 1968년도에 독일 광산 출신이 200명 정도 LA에 있었어요. 예를 들자면 한인회장 선거를 한다 하면 200명 파워가 있으니까 상당히 셌어요. 그때는 대학 동창, 고등학교 동창생, 힘이 미미하고 숫자가 적었어요. 그런데 우리는 200명이 되니까 파워가 좋았어요. 누가 이 사람이 좋다, 저 사람이 좋다 결정을 할 수 있었어요. 동우회가 밀어주는 사람이 한인회장을 했어요." (최용규, 1939년생)

광산근로자 출신 한인은 동우회를 통해 한인사회에서 활발한 활동을 했지만, 또한 1960년대 말부터 1970년대 초반까지 한인교회를 비롯하여 재미한인사회의 주요한 지역 한인 조직을 새롭게 창립하거나 여타 한인 단체의 핵심 인사로서 중추적인 역할을 담당했다.

"내가 왔을 때도 LA에 한국 사람들이 5천 명 정도 산다고 그랬거든요. 5천 명이 뿔뿔이 흩어져 사니까 누가 어디에 사는지도 모르고요. 그 당시에는 단체가 없고 한인회 하나 있었어요. '남가주한인거류민회'라고 했어요. 서독동우회가 LA를 살렸다고 해도 과언이 아니에요. 한인회, 체육회 모두 동우회원들이 만들었어요. 서독동우회 사람들이 일을 많이 했어요. 서독동우회에서 많이 관여하고 체육회니 이런 것도 그 발전을 서독동우회가 밑바닥을 깔아줬어요." (장은석, 1936년생)

또한, 사업가로 성공한 동우회 회원은 개인으로나 동우회 단체 차원으로 복지사업, 기금모금, 체육대회 행사를 적극적으로 후원했다.

"시카고 한인 공동묘지에 가시면 동우회 이름이 있어요. 다 어려울 때 동우회원들이 기금모금을 하여 한인 묘지 구입하는 데 도움을 줬어요. YMCA가 처음 설립될 때도 우리가 많은 돈을 투자해서 도왔고요." (조병일, 1943년생)

3
재미한인사회 형성에 기여한
파독 광산근로자

(1) 시카고 사례

1965년 미국 이민법 개정에 따라 한인 이민 규모가 급격하게 증가했고, 본격적인 시카고 한인 이민 역사가 시작되면서 한인 상권과 밀집 지역도 형성되기 시작했다. 이민 1세는 주로 유학생이거나 파독 인력 출신 중심이었다(윤인진, 2007). 1960년대 중·후반부터 시작해서 1970년대 초에는 약 300명의 전직 광산근로자들이 시카고로 이주해 왔다. 시카고에는 중공업 산업시설이 많아 한인이 비교적 쉽게 일자리를 잡을 기회가 많았다. 미국으로 재이민한 파독 광산근로자 출신의 3분의 1에 해당하는 규모로 시카고는 가장 많은 수의 파독 광산근로자 출신의 재이민 선호 도시였다(Jo, 2005).

미국으로 재이주한 후 전직 파독 광산근로자들의 가장 보편적인 직업 변화 패턴으로는 초기에 주류경제에서 페인트공, 식당 종업원,

표 2.2 시카고와 LA의 한인 인구변화(1910~1970)

구분	1910	1920	1930	1940	1950	1960	1970
시카고	–	27	64	39	48	297	1,666
LA	14	84	345	482	330	2,034	5,363

주) 김왕배(2002: 180)의 표를 편집함.

표 2.3 1970년대 중반 클락과 셰필드(Clark and Sheffield)의 한인사업체

파독 광산근로자 출신 사업체		비(非)파독 광산근로자 출신 사업체	
아리랑마켓	김스 오토서비스	내고향 식품	리라 미용원
코리아 팜	강스 오토서비스	동아 식품점	동서 부동산
고려식품	금호타이어	조희 식품	우사코 자동차정비
서울식품	안공예점	맛나당 식품	한문수 공인계리사
럭키식품	로이드신 화랑	중앙 식품	김용상 공인계리사
클락식품	7 Gold Jewelry	클락 생선시장	배영일 세무서
연경루 식품	Sim Green 보석	잡채집 식당	조태원 세무사
연경루 식당	이원우여행사	북경요리	서준석 세무사
서울식당	서울여행사	코리아하우스 식당	김무정 회계사
삼미장	Wig Fusions	뉴스타 여행사	김용상 회계사
초롱식당	서울 서적	뉴코리아 여행사	스테이트 팜 보험
서울 하우스	클락 기원	아리랑 여행사	스가롱 장의사
골드 크라운 리커		팬 여행사	한국일보
		마이크 사진관	중앙일보
		클락 꽃집	경향신문
		변선물점	시카고 한글학교
		제일무역	한국 서적
		HJ무역	에릭손 보석
		체이드 패션	기쁜 소리사

주 1) 시카고 한인사 출판위원회(2012: 146-147)의 표 자료와 시카고 동우회 회원들의 면담 결과를 바탕으로 편집함.
주 2) '파독 광산근로자 출신 사업체'는 독일에 파독 광산근로자로 갔다가 미국으로 재이주한 한인이 세운 사업체를 의미하고, '비(非)파독 광산근로자 출신 사업체'는 파독 광산근로자 출신이 아닌 한인이 세운 사업체를 의미함.

공장노동자 등으로 일하며 창업자금을 형성한 후에 본인의 자영업을 시작하는 것이었다. 당시 소수의 유학생 중심의 한인이 있었고 괄목할 만한 코리아타운이 없었던 시카고에서 광산근로자들이 주축이 되어 클락가에 최초로 코리아타운 건설을 시작했다.

1960년대 중반부터 시카고 최초 코리아타운인 클락가에 한국식당과 여행사 같은 한인사업체가 입주하기 시작했다. 〈표 2.3〉은 1970년대 중반 클락가에 존재했던 한인사업체 목록인데, 이 중에서 가장 초기에 설립된 사업체는 표 왼쪽의 광산근로자 출신에 의해 세워졌고 식품점, 식당, 여행사 등이 주를 이룬다. 오른쪽 독일 출신이 아닌 한인에 의한 사업체에는 꽃집, 미용실, 부동산, 세무사, 언론사 등 서비스 사업을 포함하여 업종이 다소 다양해졌다.

입점 시기 면에서 '파독 광산근로자 출신 사업체'가 '비파독 광산근로자 출신 사업체'를 훨씬 앞섰는데, 클락가의 최초 한인업소는 파독 광산근로자였던 박영수에 의해 1967년 세워진 삼미장 식당이다.[1] 또한, 1968년 광산근로자 출신들에 의해 아리랑마켓, 코리아 팜, 고려식품, 서울여행사 등이 연이어 생기기 시작했다(시카고한인사출판위원회, 2012). 오른쪽의 '비파독 광산근로자 출신 사업체' 또한 광산근로자 출신들의 가족 또는 친인척에 의해 세워진 사업체로, 광산근로자 출신들과 직간접적으로 연관되어 있었다.

아리랑마켓을 세웠던 파독 광산근로자 출신인 박영기[2]는 전형적인 근면한 한인 자영업자인데, 본인의 결혼식 당일에도 결혼식만 치르고 오후에 가게를 열어 일했을 정도였다(Jo, 2005).

"아리랑마켓 주인은 열심히 살았어요. 식당 웨이터를 할 때 하루에 은행에 두 번씩 갔다고 들었어요. 팁 받으면 저금해서 7천 불을 모아서 식품

---

1   박영수는 실제 이름이다.
2   박영기는 실제 이름이다.

그림 2.4 1968년 파독 광산근로자 출신 박영기가 세운 '아리랑마켓'

출처: Park(2003)

점을 오픈했다고 들었어요. 그 사람이 비즈니스를 하는 것을 보고 다른 사람들이 비즈니스를 저렇게 할 수 있구나 하고 본을 봤어요. 미국에 와서 어떻게 그렇게 할 수가 있겠어요? 그런 게 다 선구자예요. 그 사람을 따라 오픈하고 오픈하고요. 처음에는 클락 중심으로요."(한현준, 1939년생)

한인 자영업체를 '고객' 측면에서 구분하자면, 우선은 코리아타운이나 한인 밀집 지역에서 주로 성행한 동족 고객을 상대하는 자영업 업종이 있다. 해당 업종으로는 식당업 등의 소매소비업이 대부분이다. 또한, 시카고 남부 지역에 위치한 흑인 고객 상대의 자영업과 여러 인종을 상대하는 업체로 구분할 수 있다. 한인은 다인종을 대상으로 시카고 시내에서 미국음식점과 세탁업 등의 소매업을 하기도 하는데, 소재 지역에 따라 업체마다 고객의 인종이 다른 자영업도 있다(김광정·김신, 2002). 1960대 후반 클락가에 파독 광산근로자에 의해 초기 한인 업체가 세워지고 다른 광산근로자들도 개인사업에 뛰어들기 시작했다.

1960년대, 1970년대 한인은 클락가 코리아타운을 중심으로 주로 동족 고객을 중심으로 하는 사업을 했지만, 화랑업, 보석업, 가발업과 자동차 정비는 타민족 고객을 대상으로 했다. 특히 로이드신 화랑은 문화사업에 종사하며 1988년 서울에서 열린 하계올림픽 기념 포스터 제작권을 획득했다. 한인은 그 외에 남부 지역에서 비교적 소자본으로 사업을 시작할 수 있었던 가발 가게, 옷가게, 보석 가게 등도 했다. 1970년대 초부터 한인 시장과는 독립적으로 흑인 지역에서 자영업을 창업할 기회가 생기면서 전반적으로 한인의 자영업 진출이 급격히 늘어났다(김광정·김신, 2002; 성유나, 2005). 1960~1970년대 한국의 수출 주도화 산업 과정에서 값싼 수공제품들을 한국에서 수입하여 미국에서 상대적으로 저가상품으로 판매했는데, 많은 한인이 가발 사업에 종사했다. 1970년대 초부터 시카고 남부 지역의 흑인 거주지역은 범죄율이 높고 위험함에도 가발, 염색약, 액세서리, 의류 등을 판매했다(김왕배, 2002).[3]

1969년 독일에서 시카고에 도착한 임명석(1941년생)은 미국식당에서 접시닦이와 주방보조를 하면서 모은 창업자본을 기반으로 1972년 남부 지역에서 가발 사업을 시작했다.

"이민 초창기에 흑인 동네에 갔더니 백인들이 장사를 하더라고요. 식당에 가면 요리사가 권총을 차고 요리를 해요. 저 사람은 현직 경찰인데 파트타임으로 일을 하나 그런 생각을 했는데 그게 아니고 흑인 동네에 강도, 도둑이 많아서 주인들이 전부 권총들을 가지고 있었어요. 알고 보니

---

3 1980년대 이후 한국의 임금상승과 제품가 상승, 그리고 미국 내 사회복지기금 삭감으로 흑인의 구매력이 저하되자 많은 상가가 남부 지역을 포기하고 로렌스가나 교외 근방으로 상권을 이동시켰다(김왕배, 2002).

그 사람들이 유대인이라고 해요. 한국에서 오는 가발을 한국인들이 해야 하는데 유대인들이 팔고 있었어요. 그래서 동우회원들이 비집고 들어갔어요. 1972년부터 흑인 동네에서 가발 가게를 했어요. 1971년부터 가발이 엄청 유행했어요. 2불짜리 가발 하나면 20불, 30불 받았어요. 그러다가 나중에는 한인들끼리 경쟁해서 사양길에 접어들었어요. 2불짜리를 20불 받던 거 4불밖에 못 받았어요. 그다음에는 1985년까지 헤어뷰티 사업을 했어요.[4] (임명석, 1941년생)

파독 광산근로자들의 사업지가 클락가와 남부 상가에만 국한된 것은 아니었다. 다민족 고객을 대상으로 하는 태권도 도장, 미국음식점, 옷가게, 주유소 등은 시카고 곳곳에 입점되었다. 한인 사업의 대표적인 형태로 프랜차이징(franchising)이 있는데, 대기업이 소규모 자영업체를 직접 이용하는 방식이다(장선미 외, 2006). 시카고에서는 파독 광산근로자 10여 명이 프랜차이징을 통해 주유소 경영을 했는데, 1975년 아모코(Amoco) 주유소를 최초로 시작한 송재승(1940년생)과 다른 동우회 회원들이 가맹업주로 주유소를 개업하고 '아모코 그룹'을 만들었다. 이 단체는 한인 종업원을 고용하여 새로 이민 정착하는 동포들에게 일자리를 제공하고 당시 한인사회 연장자들을 위해 상록회 노인잔치를 열어주었다(시카고한인사출판위원회, 2012).

---

4 한인기업은 1970년대 초 가발 사업으로 흑인 사회에서 많은 이윤을 얻었다. 1970년대 후반 한인기업 간 경쟁이 치열해지면서 가격경쟁을 하다 가발 수요가 줄어들면서 판매도 줄어들기 시작했다(장선미 외, 2006).

(2) 로스앤젤레스 사례

현재의 LA 코리아타운은 1970년대 초 올림픽가에서 자영업을 경영하던 한인 이민자들에 의해 형성되었다. 코리아타운이 올림픽가에 자리 잡는 데는 1968년 독일에서 미국으로 건너온 전직 파독 광산근로자 이희덕[5]이 1971년 올림픽마켓을 개점하면서 본격적으로 시작되었다.

"여기 가면 VIP Plaza라고 있어요. 이희덕 그 친구가 그 자리에서 식품점을 했어요. 1970년대 초에. 그전에 코리아타운이 없었고 제퍼슨에 식당 하나 있었고 교회 두서너 개 있었어요. 올림픽가에는 일본 사람이 좀 살았어요. 일본인이 이발소 했어요. 저기 지나가면 한국 사람인지 일본 사람인지 분간이 안 되고 그렇게 많지도 않고 어쩌다 동양사람 다니고 그런 상황인데 이희덕이 식품점을 해서 돈을 벌고 그리고 그 옆에 VIP식당이 있었어요. 이것이 코리아타운 시초의 핵심이에요." (최용규, 1939년생)

1971년 이희덕은 일본 식품 도매상을 인수하여 내부를 수리하고 한국인의 식성에 맞는 식품과 잡화를 구비하여 한인 최초의 종합식품점인 올림픽마켓을 개업했다. 이희덕은 자서전에서 올림픽마켓 개점을 위한 창업자본 마련에 관해 다음과 같이 회고하고 있다.

"1971년 10월 우리 부부는 그동안 열심히 일하고 열심히 저축했다. 나는 그동안 두 직장을 뛰었다. 낮에는 용접, 저녁에는 청소 일을 계속했고

---

5   이희덕은 실제 이름이다.

집사람은 템플병원에서 간호원으로 받는 봉급도 상당했다. 우리 두 부부는 지난 3년 동안 개미처럼 일해 알뜰하게 저축했다."(이희덕, 2006)

이희덕 부부가 올림픽마켓을 개점하는 데는 저축, 은행 대출 외에 LA 동우회 회원들의 도움도 있었다. 서독동우회 장은석(1936년생)은 "코리아타운을 만드는 데 서독동우회 회원들의 역할도 있었어요. 이희덕이 올림픽마켓 구입했을 때 우리 회원들이 200달러씩 모아서 전달했어요. 회원들끼리 올림픽마켓 이용하자는 캠페인까지 벌였어요" 라고 회상한다.

한인은 LA 전역은 물론 샌디에이고와 같이 먼 곳에서도 한국식품을 사기 위해 올림픽마켓을 찾아오기 시작했다. '천사사진관'과 '한국서적센터' 같은 여러 다른 한인 업체들을 주변으로 모이게 하여 올림픽마켓을 기점으로 한인 상권이 퍼져나가기 시작했다(Kim, 2011; 민병용, 2017). 또한, 상대적으로 지대가 저렴하고 한인이 버스를 타기 편리한 올림픽가에 점차 한인 주거와 상가가 들어서면서 코리아타운의 중심지로 성장하기 시작했다. 그리하여 1970년대 중반 무렵부터는 '코리아타운'이라는 명칭이 인지되기 시작했다(박정선·김바바라, 2015).

올림픽마켓에서는 단순한 식품 판매만 이루어진 것이 아니라 남가주 한인의 생활 거점 역할을 했다. 직장을 얻거나 아파트를 구할 때도 이곳을 찾아 정보를 얻었다. 식품·잡화 판매만으로 한 달 매상이 25만 달러에 달했는데, 이를 통해 수많은 한인이 올림픽마켓을 이용했음을 알 수 있다(이영아, 2002).

"우리 마켓은 문전성시를 이루며 많은 안내 쪽지가 유리창에 붙어있는 만남의 광장으로 변한 것이고, 어느 분은 고향의 흙이라면서 그 흙을 지

그림 2.5 1974년 파독 광산근로자 출신 이희덕이 청기와와 한국식 건축양식으로 LA 올림픽 가에 세웠던 '영빈관' 식당

출처: 「뉴시스」, 2019년 3월 22일자

인에게 선물로 주는 광경도 목격했다. 한국 이민의 애환이 담긴 만남의 광장으로 자리매김했기 때문이며, 그 당시 한국에서 알던 사람을 만나려면 올림픽마켓으로 오는 것이었다." (이희덕, 2006)

또한, 이희덕은 1974년 청기와와 한국식 건축양식으로 단장한 '영빈관(VIP Palace)' 식당을 개업했다. 한국적 문화와 정서를 담은 영빈관으로 인해 그는 「LA타임스(Los Angeles Times)」를 비롯한 주류사회 유명 언론의 주목을 받았다. 영빈관은 곧 한인 커뮤니티 주요 행사의 중심지로 자리 잡았다. 이희덕은 올림픽마켓, 영빈관에 이어 올림픽가에 VIP쇼핑센터를 세워 현재의 코리아타운 형성에 기여한 공헌이 가장 컸다. 올림픽가는 점점 한인 사업의 중심이 되었고 1970년 초반까지 올림픽가, 8가의 크렌쇼가와 후버가 사이에 한인 식품점, 은행, 식당, 사무실이 생겼으며 한인 주거와 상업지대를 이루었다.

또한, 이희덕은 1970년대 후반부터 1980년대 초반까지 여러 한인 단체에 주도적으로 참여했는데, 1973년 올림픽가 업소에 '한글 간판 달기 운동'을 벌인 김진형[6]과 다른 한인사업가 및 파독 광산근로자 출신들과 함께 '코리아타운번영회(Korean Development Association)'에 관여했다. 한인은 코리아타운번영회 활동을 통해 1974년에는 한인공동체를 대표하는 지역으로 올림픽가를 기념하는 '코리안 퍼레이드(Korean Parade)'를 처음으로 개최했다. 이희덕은 LA시의회와 긴밀한 관계를 맺어 1978년 10번 고속도로의 놀만디 출구 인근에 코리아타운 간판을 설치하고, 8가에 한인파출소를 설치하는 데 큰 역할을 했다(이주현, 2016). 1980년에는 한인공동체가 LA시로부터 공식적으로 코리아타운으로 지정되었다. 서독동우회 장은석(1936년생)은 톰 브래들리(Tom Bradley) LA시장이 1973년 출마했을 당시 안창호 선생의 아들 필립 안(Philip Ahn)의 자택에서 모금 파티를 했는데, 동우회 회원들을 대상으로 정치자금 모금에 나섰고 브래들리 시장은 당선 후에 코리아타운을 위한 한인의 활동에 많은 지지를 해주었다(민병용, 2017).

파독 광산근로자들은 LA 한인의 핵심 사업인 봉제업에도 제일 먼저 진출한 부류에 속했으며 두각을 나타냈다. 면담 당시까지도 멕시코(직원 800명)와 LA를 기반으로 의류 사업을 하고 있었던 최용규(1939년생)는 1967년 400달러를 지참하여 LA에 도착했다. 미국 도착 후 처음에는 페인트공, 텔레비전 생산공장 등에서 일했고 1972년 청소업에

---

6 김진형은 파독 광산근로자 출신은 아니지만 LA 코리아타운 건설에 기여한 바가 많다 (민병용, 2017). 김진형은 1972년 3개월 만에 올림픽가 주변 상점 61곳에 한글 간판을 달았다. 흑인, 백인, 남미계, 동양계를 막론하고 상점 주인을 차례로 찾아다니며 "이 근처에는 영어를 모르는 한국인이 많이 사는데 한글로 간판을 달면 한인이 물건을 사러 올 것"이라고 설득하여 한글 간판을 무료로 설치해주었다.

종사했다가 1974년부터 봉제업을 시작했다.

"원래 청소업을 했었는데 청소를 하다가 보니까 다운타운 건물에 봉제 공장이 있었어요. 일반 사무실 같아 보이는데 벽을 허물어서 봉제공장을 하고 있었어요. 일본 사람도 있고 유대인도 있었어요. 일본 사람은 철수 단계였고 한국 사람은 막 시작하는 단계예요. 그 건물을 내가 청소를 하다가 발견했는데 봉제는 이것저것 신경도 안 쓰고 단추만 도로록 달면 되겠네 싶어서 기계 18대로 시작을 했어요." (최용규, 1939년생)

그림 2.6 재미 파독 광산근로자 출신 안이준 전 한미은행 이사장 관련 뉴스 기사
출처: 「선데이저널」, 2016년 1월 17일자

그림 2.7 연구설문지 작성 중인 안이준 전 한미은행 이사장

전직으로 청소업, 봉제업도 성공적으로 경영했음.

근래에 LA 다운타운에는 900~1,000여 개의 한인 의류 제조 및 도매상가가 있고, 1천여 개에 가까운 한인 봉제공장이 있다. 의류 부자재 등 연관 기업들까지 포함하면 5천여 개의 한인 의류 관련 기업이 있는 것으로 추산된다(장선미 외, 2006). LA 의류업계는 1970년대 이전에는 대기업이 장악하고 하도급 분야는 유대인이 장악하다가 1970년대 말부터 남미인, 중국인과 한국인의 참여가 시작되었다(Light and Bonacich, 1988; 장선미 외, 2006).

남가주 한인 이민이 본격화되기 시작하던 시절 한인사회가 경제적으로 자리를 잡는 데는 봉제업계의 역할이 컸다. 봉제업계는 대형 백화점이나 의류상에 납품하면서 주류사회의 큰 자금을 한인사회로 끌어들였고, 봉제업계의 성장은 한인의 취업에도 큰 공헌을 했다. 수입이 증가하자 한인의 소비가 늘어나면서 한인 경제가 전체적으로 활성화될 수 있었다(이영아, 2002). 파독 광산근로자 출신으로는 LA의 안재억, 안이준, 안종식[7]이 봉제업에서 대표적으로 대성한 사업가들이고, 이들은 한인봉제협회 회장 등을 역임하며 많은 기여를 했다(최재웅, 1992).

7　안재억, 안이준, 안종식은 실제 이름이다.

(3) 초국적 가족 형성과 미국으로 가족초청

파독 광산근로자들은 독일에서 미국으로의 연속적인 공간적 이동을 통해 한국, 독일, 미국에 걸쳐 초국적 가족을 형성하게 된다. 애초에 독일행의 동기인 경제적 사유가 개인만을 위한 것이 아닌 가족 전체의 생계에 대한 책임인 경우가 빈번했는데, 독일에서 미국으로의 재이주 과정에도 이들은 "어깨에 온 가족을 얹고" 이주를 감행한 것과 다름없었다. 기존 연구에서는 파독 광산근로자들의 독일에서 한국으로의 송금에만 주로 주목하는데, 광산근로자들은 '미국 이주 후'에도 가족초청 완료 전까지 한국 가족에게 송금했다. 새로운 삶에 적응해야 하는 초기 적응과정에서는 수입 자체가 크지 않았기 때문에 송금을 거의 못 했지만 면담자 일부는 가족초청이 완료되기 전까지는 지속적으로 혹은 설날이나 추석명절을 기해 목돈을 송금했다고 한다.[8]

> "미국 오고 나서 한 3~4년은 송금을 계속했어요. 어머님이 계속 계셨기 때문에요. 1977년도 우리 가족이 미국으로 다 들어왔는데 그때까지는 송금을 했지요." (조병일, 1943년생)

> "저는 1968년 2월 29일 이곳 로스앤젤레스로 이주 후 3년간 고국의 부모님에게 월 200불 정도 송금해드렸습니다. 독일에서 번 돈 거의 전액은 이미 한국에 있는 여동생이 관리하고 있는 상황이었구요." (홍정수, 1937년생)

---

[8] 면담자인 황동원(1941년생)은 가족들의 미국 이민이 완료되기 전까지는 추석과 명절을 기해 한국 가족들에게 2천 달러 이상을 송금했다고 한다.

이러한 한국 가족에 대한 경제적인 책임이 미국에서의 초기 정착에서 "뭐든 부딪혀보거나", "돈만 많이 준다면 무슨 일이라도 할 수 있는" 계기로 작용했다. 한국에 있는 가족을 미국으로 초청하기 위해 생업에 더욱 매진했다고 한다.

> "맨 처음 우리가 미국 와서 한 게, 외국으로 떠나왔잖아요. 우리는 살아야 한다. 그리고 한국에 가족이 다 있으니까요. 우리는 여유가 없는 가족들을 다 놓고 온 거니까, 내가 성공을 해야 우선 가족들도 경제적으로 돕고 데리고 와야 하니까, 거기서 힘이 되니까 뭐든지 닥치는 대로 부딪히고 할 수 있었어요. 우리는 싱글로 왔었어요. 가족이 다 한국에 다 있으니까 우선은 경제적으로 기반을 잡아야지 가족도 도와주고 초청도 하잖아요. 우리가 하는 얘기가 고생 안 해본 사람은 그걸 몰라요." (손영재, 1939년생)

1965년 개정된 미국 이민법에는 7개의 순위가 있다. 1순위가 시민권자의 배우자와 미혼자녀, 2순위는 영주권자의 배우자와 미혼자녀, 3순위는 전문직 종사자나 예술과 과학 분야의 특기자, 4순위는 시민권자의 기혼자녀, 5순위는 시민권자의 형제자매, 6순위는 미국이 필요로 하는 일반취업 이민자, 7순위는 공산국가로부터의 피난민이다. 할당 순위에서 3순위와 6순위가 취업이민인데, 의료기관에 종사하거나 특정직의 전문직에 종사하는 사람들이 해당한다(이광규, 2000). 미국 이민법 개정으로 전문직 이민자를 우대함으로써 면담자들의 상당수는 한인 간호사와 결혼했고 배우자를 통해 미국 영주권을 취득했다. 또한, 본인이 근무하고 있던 직장을 통해 영주권을 받았다. 당시에는 미국에서 간호사 수요가 높아서 영주권 받기가 쉬웠다. 그리고 전직 광산근로자들은 월남전 특수로 주류경제 사업체에서 일자리가 많았는데, 남다른 성실함을 인정받아 미국 회사를 통해 영주권 취득이 가능했다고 한다. 또한, 당시 미국 이민법이 지금보다 신규이민자의 유입에 매우 우호적이어서 시민권 취득 후 1년 이내 가족초청 완료가 가능했다고 한다. 광산근로자들은 한국에 남은 가족을 초청하면서 1970년대에 들어서 급격하게 증가하기 시작한 한인 이민의 토대를 마련했다.

"영주권 받고 5년 지나면 시민권자가 되고. 그래서 시민권 따자마자 한국에 있는 가족들을 전부 다 불러왔어요. 지금은 시민권자라고 해도 형제자매 초청하면 10년, 15년 걸리거든요. 그때는 1년이면 가족이 미국에 들어오고 그랬어요." (임명석, 1941년생)

파독 출신 한 사람이 평균 50명 이상의 대가족을 만들었으며, 초청된 가족들의 현지 정착에 도움을 주었다.

"내가 혼자 와서 여기서 개척해서 우리 형제들을 다 불렀어요. 77세 때 여기 '용궁'에서 생일잔치 하는데, 내가 우리 사돈들까지 거의 70명을 이민을 시켰더라고요. 한 사람 가정에 물꼬를 트면 시월에 논에서 물꼬를 틀 듯이요." (최진석, 1937년생)

"내가 동생을 초청하고 동생은 동생네 처가를 초청하고 그 사람들은 또 다른 사람을 초청하고요. 이렇게 계속 연결이 되어서 시카고 코리아타운의 선구자로 노력을 했어요." (한현준, 1939년생)

파독 광산근로자들이 직접적으로 재미한인사회에 기여한 바도

[출향인사] 안종식 뉴패션 그룹 회장

▎派獨 청년광부, 미국 최대 청바지 기업 일구다

소년은 늘 수평선 너머를 동경했다. 태어나고 자란 곳이 바닷가였기도 했지만 팍팍한 현실이 그를 꿈꾸게 만들었다. 끊임없이 밀려오는 파도조차 그에게는 넘어서야 할 벽으로 다가왔다. 누군가에게는 낭만으로만 남았겠지만.

소년의 인생에도 고비는 끊이지 않았다. 그러나 좌절하지 않았다. 이를 악물고 버텼고 끝내 태평양 건너에서 성공을 거머쥐었다. 파독(派獨) 광부 출신으로 미국 최대의 청바지 전문 의류기업을 일군 안종식 (72) 뉴패션 그룹 회장은 삶은 '도전과 응전의 연속' 그 자체였다.

그림 2.8 재미 파독 광산근로자 출신 안종식 전 한인 봉제협회장 관련 뉴스 기사
출처: 「선데이저널」, 2016년 1월 17일자

크지만, 연쇄적인 이민의 기반을 마련함으로써 한인공동체 형성과 확장에 중요한 역할을 담당했다. 또한, 파독 광산근로자 출신과 그들의 초청된 가족들의 한인 2세 중에는 미국 주류사회 전문직 종사자들이 대다수다.

시카고에서는 팻 퀸(Pat Quinn) 일리노이 주지사가 파독 광산근로자들과 그 가족들의 지역사회 발전에 기여한 공로를 기리기 위해 2009년 8월 12일을 '동우회의 날'로 선포하기도 했다. 선언문에서는 파독 46주년을 기해 시카고에서 개최되었던 '제2차 파독 산업전사 세계대회'의 개최를 지지하는 내용도 포함되어 있다. 선언문 전문은 다음과 같다.

파독 광산근로자의 삶과 글로벌 모빌리티

그림 2.9 재미 파독 광산근로자 출신 안종식 전 한인 봉제협회장(맨 앞줄 가운데)의 2019년 팔순 잔치 때 가족 사진

출처: 안종식 전 한인 봉제협회장 제공

「동우회의 날 선포 선언문 전문」(번역: 신길균 전 시카고 동우회 회장)

"2009년 8월 12일 선포. 동우회 회원들은 1962년 한국에서 독일 광부로 파견된 첫 세대로 한국의 산업화 과정에 필요했던 자금 조달을 위해 1960년대에 젊고 능력 많은 노동인력으로 선발되어 독일 광산에 파견되었습니다. 한국은 저개발국 중 경제 기적을 이룩한 나라의 표본으로 회자되며, 이들은 고학력 근로자들로 독일 광산 고용계약 만료 후 미국으로 이주하여 여러 산업 분야에서 활동을 시작했습니다. 1965년 이후 해외에 이주해온 첫 동우회 회원들이 가정을 이루어 일리노이주만 해도 7천 명이 넘는 동우 가족들이 한국 학교, 체육 기관, 교회, 신문, 방송국을 설립·운영하며 산업 전반에 걸쳐 활동하고 있습니다. 동우회 회원들은 아무것도 없는 상태에서 성장·발전을 거듭해 이 사회의 중요한 한 부분으로 타민족 공동체와 더불어 융합되어 발전해 제2, 제3의 미래 세대로 이어져왔습니다. 이들은 지역사회를 형성하는 과정에서 발생한 많은 어려움을 극복하며 가족을 근간으로 한 협력체로 제2의 이민사회를 형성했으며, 금년 8월 12일을 기해 동우회 가족들이 세계 각처에서 시카고에 모여 이민의 꿈을 실현한 노고와 그간의 성공적인 삶을 자축하는 모임을 가질 예정입니다. 이 즈음하여 일리노이주 이름으로 링컨의 땅 일리노이에 오심을 환영하며, 이에 동우회와 동우 가족을 위해 일리노이주에 끼친 문화·경제 분야의 공로를 인정하고 치하하며, 이에 동우회의 날로 지정 선포합니다. 일리노이주지사 팻 퀸."

파독 광산근로자의 삶과 글로벌 모빌리티

Proclamation

Presented this 12th day of August 2009

WHEREAS, Dong Woo Association members are first generation Korean-Americans who went to German mines to work in 1962; and

WHEREAS, these young and skilled workers were exported to German mines in the 1960s to generate the badly needed capital for Korea's industrialization; and

WHEREAS, South Korea is often cited as an example of achieving economic miracles from undeveloped country to the rank of the world's industrialized nations. These highly educated workers helped to bring about this economic miracle; and

WHEREAS, after the Dong Woo Association members' contracts were completed in Germany, they came to America to work at various industrial plants across the country; and

WHEREAS, Dong Woo are fondly referred to as family members since they were among the first Koreans to settle outside of Korea after 1965; and

WHEREAS, in Illinois alone there are approximately 7,000 Dong Woo family members, who have organized and built Korean schools, athletic clubs, churches, businesses, and media outlets; and

WHEREAS, the Dong Woo have watched their community grow from nothing into a well integrated part of the diverse mosaic of the United States, creating the basis for the second and third generations' future; and

WHEREAS, in building these communities many challenges have been encountered, but with the support and unity of their family members, Dong Woo continue to flourish in their adopted homeland; and

WHEREAS, on August 12 of this year, Dong Woo Association members will come from all over the world to Chicago for a reunion and to celebrate their hard work and achievement:

THEREFORE, be it resolved, by the State of Illinois, that I welcome the Dong Woo Association to the Land of Lincoln, offering my best wishes for an enjoyable and memorable reunion, and recognize and commend all members of the Dong Woo family for their important economic and cultural contributions to our state and nation.

Pat Quinn
Governor, State of Illinois

그림 2.10 팻 퀸 일리노이 주지사가 파독 광산근로자들과 그 가족들의 지역사회 발전에 기여한 공로를 기리기 위해 2009년 8월 12일을 '동우회의 날'로 선포한 선언문

출처: 신길균 전 시카고 동우회 회장 제공

4
맺음말

이 글에서는 그동안 연구가 미진했던 파독 광산근로자들의 독일에서 미국으로의 재이주와 정착 과정에 대해 고찰하고, 또한 이들이 재미한인사회 형성과 발전에 끼친 영향에 대해 다각도로 조명했다. 파독 광산근로자들은 이전 독일에서의 경험을 통해 낯선 환경에 대한 도전정신과 적응력을 길렀고, 극한의 상황을 견딜 수 있는 체력단련과 정신무장을 하게 된다. 또한, 미국으로의 초국적 이주와 정착 과정에서 동우회를 통한 연결망이 많은 도움이 된다. 면담자들은 서로 비슷한 연배로서 고된 노동과 이주의 경험을 공유하고, 또한 대부분 배우자가 간호사여서 동우회의 결속력이 더욱 강화되었다.

1960년대 중반부터 미국에 도착한 광산근로자들은 이민 초창기에는 독일에서와 같이 주류경제의 노동자층으로 경제적 적응을 시작한다. 일부 면담자들은 주류사업체의 기술노동직에 계속 근무하거나 직업군인 혹은 공무원으로 일했다. 하지만 대부분은 창업자본을 마련한 후에 자영업을 시작했고 일부는 사업으로 대성했다. 주요한 연구 결과의 분석 및 요약은 다음과 같다.

첫째, 파독 광산근로자의 글로벌 이주와 정착에 관한 경험을 도시적 맥락(city as context)에서 살펴보자면 시카고와 LA에서의 이민사회 구성이 다소 상이하므로 파독 광산근로자 출신의 코리아타운 건설과 발전의 상대적 영향력에 차이가 있었다. 파독 광산근로자들이 미국으로 건너오기 시작한 1960년대 즈음에 LA에는 하와이에서 건너온 한인과 그 후손, 그리고 유학생들에 의해 미약하게나마 제퍼슨에 올드 코리아타운이 형성되어 있었고, 더러 일찍부터 자영업에 종사하기도 했다. 이에 비해 1960년대 중반 소수의 유학생만이 존재했던 시카고에서는 최초의 코리아타운인 클락가가 초기에는 전적으로 파독 광산근로자들에 의해 주도적으로 건설되었다. 대다수 유학생이 자영업에 관심을 갖거나 시도하지 못하던 때에 파독 광산근로자들은 독일에서의 이민 경험과 개척정신 그리고 동우회 네트워크를 활용하여 자영업에 뛰어들기 시작했다. 이들이 세운 클락가 한인사업체가 시카고 초기 코리아타운 건설에 중심적인 역할을 했다.

인구구성 면에서 조금 더 다양했던 LA 경우에는 초기 형성기의 올림픽가 코리아타운 내에 자영업을 하는 파독 광산근로자 비율이 절대적으로 과반수를 차지하지는 않았지만, 현재의 코리아타운이 올림픽가에 자리 잡는 데는 파독 광산근로자 이희덕의 공헌이 매우 컸다. 이희덕은 올림픽마켓, 영빈관식당, VIP쇼핑센터를 세우고 여러 한인 단체의 핵심 구성원으로 활동했다. 또한, 파독 광산근로자들은 경제적인 활동 범위를 코리아타운에만 국한하지 않고 소수민족, 다민족을 대상으로 자영업에 종사했고 한인 경제권의 근간이 되었던 시카고의 가발 사업과 LA의 청소업, 봉제업을 제일 먼저 시작한 부류에 속했으며 다수가 두각을 나타내며 한인 경제발전에 크게 기여했다.

둘째, 파독 광산근로자에 의한 초기 민족식품점과 한국음식점 개점은 민족 정체성이나 생활방식의 계승과 밀접한 관련이 있었고, 코리아타운 상권 형성의 초석이 되었으며 지리적뿐 아니라 사회적인 거점 역할을 했다. 또한 인접 지역으로 다른 한인업체의 유입을 가속화시켰다.

두 도시에서의 본격적인 코리아타운 건설의 촉매로 한인식료품점 개점을 들 수 있다. 시카고에서는 1967년 아리랑마켓이 클락가에 세워졌고, LA에서는 1972년 올림픽가에 올림픽마켓이 세워졌다. 입점되었던 곳의 공통적인 특징으로는 선주민인 백인 이민자들이 더 나은 거주지를 찾아 떠난 공백 지대로 빈 건물이 많거나 월세가 비교적 저렴한 곳이었다는 점이다. 또한, 자가용을 소유하지 못한 한인이 다운타운으로 출근하는 데 대중교통 이용이 편리했다. 파독 광산근로자들에 의해 시카고에서는 아리랑마켓과 삼미장 식당 등이 세워졌고 LA에는 올림픽마켓과 영빈관이 세워졌다. 식품점과 한인음식점은 사회적 기능까지 하며 결혼식, 돌잔치 같은 인생의 대소사가 치러지는 사교의 장으로 기능했다. 커뮤니티 내 민족 네트워크의 결집과 공고화가 이루어지는 만남의 장소였으며, 모국의 음식을 같이 소비하는 행위를 통해 문화적 정체성과 정서적 유대를 확인할 수 있는 공간 역할을 했다.

셋째, 지리적인 특징이 두 도시에서의 파독 광산근로자의 경제적 적응과 사업 규모 그리고 동우회 모임의 지속에도 영향을 미쳤다. 파독 광산근로자들의 미국 재이주 후 가장 보편적인 경제적 적응 방식은 주류경제에서의 노동을 통해 자본 축적을 하고 개인자영업을 시작하는 것이었다. 면담자 중에는 LA의 경우 중소 자영업을 넘어서 소수는 의류업, 금융업, 부동산업, 비행기서비스업체를 운영하며 대성한 사업가들이 있었다. 시카고에 비해 LA가 광대하고 개발 여력을 지닌 넓은 면적의 토지가 있었다는 공간적 변수가 영향을 미쳤다. 임대료가 저렴하고 중남미 이민자들의 계속적인 유입으로 인해 노동력이 풍부하여 LA에서의 사업 규모가 비교적 컸으며 사업 성공의 기회가 많았다고 한다.

공간적 특징은 동우회 모임의 성격과 횟수에도 영향을 미쳤다. LA에서는 초기 이민 적응기 때 동우회 전체 모임이 활발했지만, 현재는 개별 소수 단위로 골프 모임을 갖는다든지 하여 친분을 이어오고 있는데, 연례행사 같은 전체 모임은 비교적 빈번하지 못하다고 한다. 이에 반해 시카고에서는 1973년 창립된 이후 단 한 해도 빠뜨리지 않고 전체 회원 모임을 이어오고 있다. 시카고에서도 한인 이민자들의 교외화가 많이 진행되었지만, LA와 비교하면 상대적으로 근접한 공간에 거주하고 있으며 지리적으로 산재된 정도가 남가주에 비해 넓지 않은 것도 한 가지 이유가 될 것이다. 즉, 공통적으로 교외화가 진행되었지만, 교외화의 지리적 범위가 남가주가 훨씬 넓고 이러한 지리적 환경이 동우회 회원 간 모임에도 영향을 미쳤을 것이라 여겨진다.

파독 광산근로자들은 개인사업체 설립을 통해 한인 후속 이민자와 타 민족을 고용했고 동우회와 여타 한인 단체를 통해 한인사회 복지사업, 기금모금 및 다양한 행사에 적극적으로 참여하고 후원했다. '주춧돌 이민자'로서 파독 광산근로자들은 재이주 이후 선구적이며 주도적인 사회경제 활동과 후속 이민 초청을 통해 재미한인공동체의 기반을 다지고 확장하는 데 많은 기여를 했다.

3부

파독 광산근로자의
캐나다 진출과
한인사회에 대한 기여

이 글은 『다문화와 평화』 15(1), 2021에 게재된 원고를 수정 및 보완하여 재수록한 것임.

1
"블루어(Bloor)와 마크함(Markham)에 이민 봇짐 풀다"

고달픈 이민생활 / 참고 이겨 뚫고 가는 악착같은 생활력은 / 캐나다에서 미국에서 / 유감없이 발휘했네. / 거지같은 누더기 옷 그 작업복 팽개치고 / 희망 땅 넓은 땅 신세계 캐나다로 / 이민길 어려운 길 새길 찾아 우리 왔소. / 블루어(BLOOR)와 마크함(MARKHAM)에 이민 봇짐 풀었지만, 막막한 바다에 편주 같은 이 내 신세. (중략) 지난 십년 일만 했네 이제 잠깐 쉬어 보세. / 달러만 벌을 건가 일만을 할 것인가. / 인생 길 한번 가고 나면 못 올 몸 / 부어라 마셔 보세 춤을 추며 웃어 보세 / 긴장된 마음 풀고 실컷토록 놀아보세 / 어허라 부어라 내 잔에 술 부어라.

재캐나다 한인 여동원의 『이민낙서』(1980)에 수록된 장시의 일부다. 재캐나다 한인 중에는 여동원과 같이 한국에서 독일로 파독 광산 근로자로 갔다가 다시 독일에서 캐나다로 2차 이주를 감행한 이민자들이 있다. 『이민낙서』는 한국-독일-캐나다로 재이주했던 한인 디아

그림 3.1 재캐나다 파독 광산근로자와의 면담이 진행되었던 '토론토 한인 장로교회'

그림 3.2 재캐나다 파독 광산근로자들

스포라들의 삶의 여정을 문학적으로 풀어낸 대표적인 작품집으로 평가된다(김환기, 2017).

　재외한인 이주사는 네 시기로 구분할 수 있다(이광규, 2000). 제1기

　　　　　　　　　　　　　파독 광산근로자의 삶과 글로벌 모빌리티

**그림 3.3 재캐나다 한인 여동원의 시집
『이민낙서』(1980) 표지**

(1869~1919)는 러시아 연해주와 중국 만주 그리고 미국 등으로 농업 또는 애국 운동을 위한 이민, 제2기 (1919년 이후~1945년)는 일본으로의 노동이민, 제3기(1965~1975)는 북미와 남미 그리고 독일 등 서구사회에 자발적인 이민, 제4기(1975년 이후)는 호주와 뉴질랜드 그리고 동남아시아로의 상업적 이민과 교육을 목적으로 한 이민이다.

한국 정부는 1963~1977년 광산근로자 7,936명을, 1966~1976년까지 간호사 10,723명을 독일로 파견했다(재독동포50년사편찬위원회, 2015). 개인의 선택으로 독일로의 이주가 이루어졌지만, 이주자들은 국가 차원의 협약을 기반으로 모집과 선발 등 이주를 위한 일련의 과정을 겪어야 했다. 파독 광산근로자의 경우 한국 정부(노동청)와 독일 석탄광산협회가 1963년 12월 16일 체결한 '한국 광부 독일광산 임시 취업계획 협정'에 따라 3년의 계약 기간 광업소의 지하 작업에 종사하기 위해 독일로 갔다(한·유럽연구회, 2003). 독일에서의 계약 기간 후에 파독 광산근로자 중 일부(40%)는 한국으로 귀환했지만, 독일 체류가 40%, 제3국 이주가 20% 정도였다(재독한인글뤽아우프회, 2009).

이주(migration)가 양 국가 간에 일회적으로 발생하기도 하지만, 때로는 모국을 포함하여 3개국 이상의 국가에 걸쳐 1차 이주가 재이주 (re-migration)나 순환이주(circular migration)의 형태로 발전하기도 한다(Siu, 2005; 배진숙, 2019a). 한국을 떠나 다른 나라에 체류했다가 다시 제3국으로 이주하는 것을 '삼각이민'이라고도 명명한다(이광규, 2000). 파독 근로자의 경우 독일에서의 계약만료 이후 일부는 유럽 내 혹은 대륙 간 재이주를 감행했다. 하지만 파독 인력 관련 기존 연구에서는 주로 독일을 그 연구대상으로 삼았다. 파독 근로자의 이주사에서 독일이 1차 거주국이자 근무지였고, 유럽 한인사회 형성의 원조가 되었다는 점에서 재독한인의 역사성과 중요성이 매우 크다. 하지만 파독 근로자 중 일부는 제3국으로 이주하여 자리를 잡았다는 사실을 주시할 필요가 있다. 파독 근로자들의 이주가 공간적으로 확대되어 현재 거주지 분포가 한국과 독일뿐 아니라 미국, 캐나다, 호주 등으로 다양화되었고, 타 지역 초기 한인사회공동체 형성에도 기여한 점 또한 감안하여 독일 외 지역에서의 이주 경험의 고찰도 필요하다.

이러한 배경하에 이 글에서는 파독 광산근로자의 재이주 목적지로 가장 선호되었던 국가 중의 하나였던 캐나다 사례를 면밀하게 다룬다. 파독 근로자들의 한국, 독일, 캐나다로의 연속적인 초국적 이동에 주목하여 이주 동기와 경로, 직업 변화의 추이를 분석한다. 또한, 재캐나다 한인공동체 형성과 발전에서 이들의 기여에 관해 고찰한다.

(1) 파독 근로자

1960~1970년대에 걸쳐 7,936명의 광산근로자와 10,723명의 간호사가 독일로 파견되었다. 독일 파견의 동기와 관련하여 파독 인력 송출의 경제적 성격 혹은 기술교육적 측면에 관해 고찰한 연구가 있다(유진영, 2014; 윤용선, 2014). 윤용선(2014)은 파독 인력 송출을 원조가 아니라 한국과 독일의 상호호혜적 경제 관계 또는 거래로 보았고, 한

국인의 독일 취업은 국가 차원의 동원이 아니라 순수하게 개인적인 결정이었다고 규정하고 있다. 또한, 국사편찬위원회(2012)는 대규모 광산근로자와 간호 인력이 독일로 파견된 것은 경제개발에 필요한 투자재원이 시급했던 한국과 노동력이 절대적으로 부족했던 독일의 이해가 일치했기 때문이라고 한다. 그리고 유진영(2014)은 독일로의 인력 송출이 경제적인 측면 외에도 한국 노동자의 기술 훈련을 목적으로 체결되었다고 본다. 인력 송출은 광산업계와 간호업계에서 독일의 발전된 기술을 배워와 한국의 경제 및 사회 발전에 기여하려는 목적에서 시작되었다는 것이다.

박경용(2019)은 파독 노동 인력에 관한 기존 연구와 관련 자료를 다음의 네 가지 유형으로 분류했다. ① 이주의 주체인 파독 근로자들에 의해 생성된 자전적 기록물과 관련 단체의 자료집, ② 인력 송출의 역사와 정치, 경제, 사회문화적 성과에 대한 분석의 결과물, ③ 파독 근로자의 현지 적응과 사회의식을 비롯한 일상 생활사에 관한 연구, ④ 파독 근로자에 대한 잡지나 일간지 기사와 방송사 다큐멘터리 영상기록물이다.

파독 근로자 모임에 의해 발간된 출판물로는『파독광부 30년사』(1997),『파독광부 45년사』(2009),『파독광부 백서』(2009),『재독동포 50년사: 1963-2013』(2015)과『파독 50년사: 광부·간호사·간호조무사』(2017)가 있다.

또한, 이영석·박재홍(2006)은 남해군의 '독일마을'에 입주한 노동 이주자들의 역이주와 귀향 의식을 분석했다. 이들의 이주 생활은 독일문화를 내재화한 동시에 한국문화도 지켜나가는 통합된 방식으로 이루어졌지만, 한국에 대한 이해는 '춥고 배고팠던 1960년대'의 한국과 '잘사는 나라' 현재의 한국으로 상반된 이미지에 근거하고 있어 역이주 생활 시 한국문화를 수용함에 어려움이 있다고 했다.

또한 파독 간호사에 비해 파독 광산근로자에 관한 연구가 매우 부진하고 성별에 따른 연구의 쏠림 현상이 있다고 지적되었다(박재영, 2013; 양영자, 2013). 간호사와 광산근로자를 같이 포괄적으로 다룬 연구가 아니라 광산근로자만 독립적인 연구대상으로 한 소수의 논문도 있다.

이용일(2014)은 한국인의 독일 노동이주가 한독 관계사나 교류사의 중요한 사건이었음에도 독일에서 한국인의 독일 이주사는 한독 교류사의 일환으로 그다지 비중 있게 다루어지지 않았다고 한다. 규모와 개발원조의 정치학을 넘어서 한국인 광산근로자들이 독일 광산업계와 지역 경제에 어떤 긍정적인 역할을 미쳤는지를 밝히고 있다. 독일 광산업이 1950년대 이후 사양화에 접어들며 1980년대 초까지 구조개혁을 감행하고 있었는데, 다수의 독일인과 외국인 노동자들이 탄광을 떠나 이직한 경우에도 한국인 광산근로자들은 폐광으로 인해 생길 수 있는 사회적 여파를 경감시키는 '완충노동력'으로 그 진가를 발휘했다는 것이다.

파독 광산근로자의 노동 경험과 젠더 정체성을 분석한 연구도 있다. 박경용(2018)은 1960년대부터 1970년대에 걸쳐 독일로 파견된 광산근로자들을 대상으로 당시의 탄광 노동 경험과 기억을 심층 면담의 내러티브 방식으로 현재화하여 디아스포라 노동생활사를 재구성했다. 이를 위해 노동현장인 지하 탄광의 '막장 안'과 일상생활이 이루어지는 지상의 '막장 밖'의 공간으로 나누어 파독 근로자들의 디아스포라 노동과정과 다문화 경험에 주목한다. 양영자(2013)는 재독한인 노동이주 남성의 젠더 정체성을 생애사적 사례 재구성 방법에 기초하여 분석했다. 면담 결과 이들의 생애사를 관통하는 젠더 정체성은 '직업생활을 중시하는 개인으로서의 남성' 정체성을 발견했다. 그리고 이러한 정체성은 이주와 직업 경험에 따라 재생산되기도 하고 '생계와 가사를 분담하거나 전담하는 남편으로서의 남성' 정체성과 결합하는 방식으로 분화되기도 했다.

파독 근로자의 경우 애초 단기간의 노동이주가 목적이었으나 상당수가 한국으로 귀국하지 않고 독일에 잔류하거나 재이주를 선택하여 독일 인접 유럽국가나 미국, 캐나다, 브라질, 호주에 이르기까지 한국전쟁 이후 형성된 해외 한인 디아스포라의 시발점이 되기도 했다(정성화, 2014). 하지만 이상에서와 같이 파독 인력에 관한 기존 연구는 주로 독일과 한국을 그 연구대상으로 하여 진행되었고, 타 지역의 파독 근로자에 관한 심층적인 연구는 매우 미진하다.

(2) 디아스포라의 재이주 현상

디아스포라는 모국을 떠나 처음 이주해서 살던 나라에 계속해서 머무르지 않고 때로는 다른 나라로 연속적으로 떠나기도 한다. 이러한 소위 재이주 현상은 한인의 이주 패턴에서만 나타나는 것은 아니며, 필리핀 디아스포라를 대상으로 한 연구가 있다(Paul, 2011; Carlos, 2013; Tsujimoto, 2016).

쓰지모토(Tsujimoto, 2016)는 한국 내 필리핀 이주노동자들이 같은 나라 출신임과 한국에서 이주노동자로서의 소수자적 지위를 공유함으로써 이들 간에 유대감이 형성된다고 한다. 또한, 종교기관을 통해 이주민들의 사회적 네트워크는 더욱 강화될 수 있다. 한국에서의 기독교 교회 활동을 통해 '정서적 우정(affective friendship)'을 형성하게 되고, 이는 필리핀 노동자들의 캐나다로의 재이주에 영향을 미쳐 새로운 정착지에서도 유대적 네트워크가 이전되어 지속되고 있음을 밝혔다.

'단계적 국제 이주(Stepwise international migration)'는 이주민들이 가장 선호하는 목적지에 도달할 때까지 각 경유 국가에서 이주자본을 점차 축적하여 다음 국가로 이동하는 이주의 패턴, 경로, 또는 전략이다(Carlos, 2013). 폴(Paul, 2011)은 필리핀, 홍콩, 싱가포르에 체류하고 있는 필리핀 가사도우미 95명을 대상으로 연구를 실시했다. 이를 통해 면담자들이 전략적으로 단계적 국제이주 방식을 취하고 있음을 보여준다.

한편 한인 재이주자의 한 부류인 중남미 국가 출신 한인의 재이주에 관한 연구는 일부 진행되었다. 윤(Yoon, 2015)은 한국에서 파라과이를 거쳐 아르헨티나, 브라질로 이주하는 형태를 '대륙 내 재이주(Intra-continental remgiration)'로, 그리고 한국에서 아르헨티나, 브라질로 갔다가 다시 미국, 캐나다로 건너가는 것을 '대륙 간 재이주(Inter-continental remigration)'로 분류했다. 중남미 한인 중에는 중남미에서 거주하는 동안 겪게 되는 여러 사유로 북미로의 재이주를 감행하기도 하고(Bae, 2014 & 2015), 소수의 일부 한인은 애초에 한국에서 해외 이민을 떠나기 전부터 최종 목적지를 미국으로 생각하고 이민이 상대적으로 쉬운 중남미 국가에 우선 이민 갔다고 한다.

또한, 박채순(2009)은 아르헨티나 한인이 현지의 정치 불안, 경제 침체 등 불안정한 사회 상황과 자녀들을 위한 더 나은 교육 기회 때문에 북미로 재이주를 한다고 분석했다. 아르헨티나로 이민 갔던 동포들이 아르헨티나의 정치, 경제, 사회가 안정적이지 못한 특수한 상황에서 많은 수가 재이주를 감행하여 2개 국가 이상을 근거지로 가지고 있고, 다양한 국적과 특수하고 복합적인 정체성을 갖는 현상을 보인다고 한다.

독일에서 고용계약이 만료된 500여 명의 광산근로자가 1966년 말부터 1970년대 전반까지 캐나다로 이주했다. 이들이 가장 많이 거주한 도시는 토론토이지만 캘거리, 밴쿠버, 에드먼턴, 몬트리올 등지까지 이주지역이 확대되었다(한재동, 2007; 박재영, 2013). 하지만 파독 근로자의 캐나다로의 재이주 경험과 정착에 관해 다각적으로 분석한 연구는 미진하다.

(3) 재캐나다 한인

한인의 캐나다 이주는 캐나다 이민법 및 이민정책의 변화와도 밀접한 관련이 있다. 캐나다 이민법 개정 전인 1960년대 중반까지 캐나다에 정착한 한인은 주로 목사, 의사, 학자들이 대부분이었다. 하지만 1967년 캐나다 정부가 백인 위주의 기존 이민정책을 철폐하고 유색인종에 대해서도 문호를 개방하면서 한인의 이민이 본격화되었다. 1970년대 중반부터 한국으로부터의 직접적인 인구 유입이 증가했고, 1980년대 후반부터 투자이민으로 이주하는 경우가 빈번했다. 한국에서 캐나다로 이민 오는 가장 일반적인 방식은 독립이민, 친척초청이민이 있고, 이 외에 기업이민, 자영업이민 방식이 있다(유영식·유재신, 1992; 윤인진, 2004). 1997년 한국에서의 외환위기 이후에는 전문직 중산층에 의한 이민이 증가했고, 또한 1990년대 이후에는 조기유학이나 어학연수를 오는 한인 유학생의 비율도 증가했다. 1960년대 말까지 캐나다의 한인 수는 약 2천 명이었으나, 이후 급격히 증가하여 1970년대 말에는 2만여 명에 이르렀다. 2013년에는 약 20만 명에 달했고, 2018년 12월 기준으로 24만 1천여 명의 한인이 캐나다에 거주하는 것으로 추

산된다.[1]

　기존 재외한인 연구에서 지역 간, 국가 간 연구성과의 편차가 있다는 점이 지적되어왔다. 재캐나다 한인에 관한 선행연구의 특징으로 미국, 중국, 일본 등 다른 지역에 비해 연구가 매우 미진하다는 점을 들 수 있다.

　일부 연구자들에 의해 진행되었던 한국과 캐나다 양국의 역사적 관계, 재캐나다 한인 이주사와 한인사회 현황, 그리고 모국과의 관계 등에 관한 연구가 2000년대 중반 정도까지 진행되다가 현재는 답보 상태다(유영식·유재신, 1992; 최협·박찬웅, 1996; 윤인진, 2004; 문영석, 2005; 문영석, 2007a; 문영석, 2007b; 한재동, 2007). 캐나다 한인에 의해 발간된 『캐나다 한인사』(2013)가 다양한 정보를 제공하고 있지만, 그사이의 변화를 반영하고 재캐나다 한인사회의 현재 실태를 파악하여 더 많은 학술적인 후속 연구가 이루어져야 할 것이다.

　재캐나다 한인과 관련된 소수의 비교적 최근 연구로는 지리학의 관점에서 토론토 코리아타운 형성과정에 관해 고찰한 연구가 있고(류주현, 2018), 재캐나다 한인의 문학작품과 미디어상의 재현에 관한 연구가 있다(송명희, 2016; 김환기, 2017; 심영아, 2019).

　류주현(2018)은 토론토에서의 첫 번째 코리아타운이 형성되는 과정을 단계적으로 고찰했다. 식품점을 시작으로 해서 미용실 업종이 성장기를 알려주고 법률서비스업이 완성해주는 코리아타운 형성과정을 찾아낼 수 있었다.

　송명희(2016)는 1977년에 출발한 캐나다 한인 문단의 형성으로부

1　외교부: http://www.mofa.go.kr/www/wpge/m_21507/contents.do(검색일: 2023. 3. 31)

터² 캐나다 한인 문학을 전 장르에 걸쳐 고찰했다. 캐나다 한인 문학은 이주 초기에 한인이 겪었던 정체성 갈등과 문화충격, 그리고 부적응의 단계를 벗어나서 캐나다에 성공적으로 안착해나가는 한인의 디아스포라 경험과 삶을 진솔하게 보여주고 있다. 김환기(2017)는 캐나다 한인의 문학작품의 주제 의식은 '고향(조국) 표상과 회귀의식', '현실의 벽과 이방인 의식, 그리고 도전정신', '민족적 아이덴티티', '대륙의 자연환경과 현지의 역사문화', '이민사회의 일상과 주변 이야기' 등으로 요약된다고 한다. 또한, 주요 주제로 '파독 광산근로자와 간호사의 인생역정'을 꼽을 수 있는데, 파독 근로자들의 삶을 구체적으로 주체화했다는 점도 캐나다 한인 이민문학의 독창성에 해당한다.

미디어에 재현된 캐나다 한인에 관한 연구로는 심영아(2019)가 있는데, 캐나다 드라마 「김씨네 편의점(Kim's Convenience)」에 나타난 인종 스테레오타입(streotype) 해체 양상을 분석했다. 토론토에서 편의점을 운영하는 김 씨와 그 가족의 일상을 통해 캐나다의 다문화사회에 적응하고 교류하는 이민 가족의 모습을 그리고 있다. 또한, 공영방송에서 한국계 가족의 모습을 그림으로써 소수인종, 특히 아시아인에 대한 새로운 문화적 재현의 장을 열었다고 평가한다.

재캐나다 한인의 이주사에서 한 가지 주목할 점은 1960년대 후반 초창기 캐나다 한인 이민자들은 모국에서 직접 오는 경우보다 이미 해외에 진출해 있던 한인이 캐나다로 다시 건너온 경우가 더 많았다는 점이다. 덴마크의 농축산업 연수생, 베트남으로 파견되었던 기술

2　'캐나다한인문인협회(Korean-Canadian Pen Club)'는 1977년 발족했고 해마다 신춘문예 현상 모집을 하여 새 문인들을 등장시키고 있다. '시화전', 교민을 위한 '문화, 교양강좌'를 실시하여 재캐나다 한인의 예술·정서 면에서 크게 이바지하고 있다(유영식·유재신, 1992).

자, 남미국가로 갔던 농업이민자들뿐 아니라 독일로 파견되었던 광산 근로자와 간호사가 캐나다로 재이주해왔다(유영식 · 유재신, 1992; 윤인진, 2004; 문영석, 2007a; 김환기, 2017).

특히 파독 광산근로자 출신 한인의 캐나다로의 유입은 1967년부터 1971년 사이에 최고조를 이루었고 이들은 초창기 한인 이민 선구자로서 온갖 역경을 극복하고 한인사회를 형성하는 초석을 놓았다고 평가되지만(문영석, 2007a), 이들의 캐나다로의 재이주와 정착, 그리고 한인사회 기여에 대한 심층적이고 실증적인 연구는 전무하다.

이러한 배경하에 이 글에서는 캐나다 한인사회 내 재이민의 한 부류인 파독 광산근로자의 글로벌 이주와 이들의 캐나다에서의 정착 경험에 주목한다. 유럽과 북미로의 한인 이주와 한인사회 형성이 독립적인 요인뿐 아니라 각각 연계되어 맞닿고 교차하며 발전하는 측면에 관해 조명한다.

(4) 재캐나다 파독 광산근로자 면담자의 특징

필자는 2020년 2월 초·중순경의 현지 조사를 통해 캐나다 내 파독 인력의 재이민 지역으로 가장 선호되었던 토론토를 중심으로 하여 파독 광산근로자 21명을 대상으로 면담을 실시했다. 면담자 모집은 캐나다의 미주 한인신문과 한인 단체, 그리고 연구자의 지인을 통해 소개를 받았고, 초기 면담자가 다른 면담자를 소개하는 '눈덩이 표집법'을 활용했다.

면담 시에는 면담자들의 사회인구학적 배경, 파독 전 한국에서의 상황, 한국에서 독일로의 1차 이주 경험, 그리고 독일에서 캐나다로의

그림 3.4 재캐나다 파독 광산근로자 면담자 모집 관련 「캐나다 한국일보」 기사
출처: 「캐나다 한국일보」, 2020년 2월 13일자

2차 이주와 정착과 관련된 내용이 주요 질의 사항이었다. 독일에서의
배출요인과 캐나다로의 유입요인이 동시에 고려되었고, 독일에서의
1차 이주와 광산에서의 근무 경험이 캐나다에서의 거주 도시 선정과
직업 선택에 끼친 영향에 대해서도 조사했다. 동일한 직업군에 속했던
한인 집단이 초국적 이주 경험을 통해 유입국의 노동시장 맥락에서
어떠한 직업 변화를 겪는지에 관해 고찰했다. 그리고 개인 차원 혹은
캐나다의 파독 광산근로자 모임인 '재캐나다 서독동우회' 차원의 한인
사회 형성과 발전에서의 기여에 관해서도 조사했다.

면담자는 총 21명의 남성으로, 연령 면에서는 70대와 80대에 속했다. 고향은 전국 각지 출신이었으며, 3명은 북한에서 태어나 한국전쟁 중에 남한으로 이주했다. 면담자들의 출국 전 한국에서의 최종 학력은 고등학교 졸업 이상이었다. 한국에서의 직업은 공무원, 회사원, 기술자였는데, 당시의 높은 실업률을 반영하듯 무직이었던 경우도 다수 있었다.

대부분 면담자에게 독일행의 동기에서 경제적 기회가 가장 중요했다. 국내에서의 빈곤과 실업 상태를 해외로의 노동이주를 통해 벗어나고자 했다. 또한, 설령 대학에 재학 중이었거나 직장생활을 하고 있었더라도 국내에 비해 월등히 높은 임금이 파독 지원의 강력한 유인이 되었다.

1960년대 한국의 경제지표는 1인당 GNP 87달러, 한국은행 외화 보유 잔고 2,300만 달러, 연간 물가상승률 42%, 실업률 23%, 민간저축률 3%였고 이는 세계적 수준으로 비교해보아도 평균 이하의 수치였다(한국파독광부총연합회, 2009). 당시 독일 취업이 가져다주는 경제적 이익은 한국의 임금수준으로 볼 때 상당한 것이었다. 그로 인해 파독 근로자 공모는 높은 경쟁률을 나타냈다. 최초의 광산근로자 모집은 독일파견광부선발위원회가 1963년 8월 13일 전국에서 실시했는데, 총 2,895명이 응모해서 무려 15 대 1의 경쟁률을 뚫고 194명이 최종 선발되었다(윤용선, 2014).

> "광부로 간 것이 아니라 해외 근로자로, 뭐든지 하려고 갔습니다. 어떻게 해서든지 해외로 나가기 위해 광산근로자로 갔습니다." (김한용, 1943년생)

> "H대학 공대 출신인데, 취직하려고 가면 2명 뽑는다고 하면 2천 명이

지원했어요. 대학 졸업하고 한동안 실업자로 있었는데 부모님께 죄송했어요. 광부 뽑는다는 광고를 라디오에서 듣고 가서 신청했어요. 대학 나와서 집에서 놀다가 광부로 독일에 갔었는데, 일은 힘들어도 내 손으로 돈을 버는 것이 좋았어요." (김기영, 1937년생)

소수는 외국에서의 교육 기회를 찾아서 파독을 지원했다고 술회했다. 당시에는 해외여행이 엄격히 제한되어 있었고 외국에 나갈 드문 기회였기 때문에 광산근로자로 가서 해외 유학을 하고자 했다고 한다.

"친형님이 영어 선생님이었는데 원래 형님이 독일을 가려고 했는데 결혼해서 애가 있으니까 처가에서 독일 가는 것을 반대했어요. 저는 대학에서 섬유공학을 전공했는데, 그 형님이 너라도 (파독을 통해 외국에) 나가서 박사 공부를 하라고 했고, 그 당시 외국 나가는 길은 파독 광부밖에 없었습니다." (최원호, 1939년생)

독일 이주 시기와 캐나다로의 재이주 시기 면에서 대부분이 1960년대 초·중반에 독일로 건너갔다가 1960년대 중·후반에 캐나다로 건너왔다. 재이민 경로에서 대부분 면담자는 독일에서 캐나다로 바로 재이주했지만, 소수는 캐나다 입국 전에 한국이나 다른 제3국(미국, 스웨덴)을 거쳐 캐나다로 오기도 했다.

연구에 참여한 면담자들의 이름은 개인 사생활 보호를 위해 가명(假名)을 사용한다. 단, 이미 출판된 자서전, 신문자료 및 여타의 기존 문헌을 인용할 때는 파독 근로자의 실명(實名)을 사용한다.

표 3.1 재캐나다 파독 광산근로자 면담자 정보

순서	성명	출생 연도	고향	한국에서 최종 학력/직업	독일 이주 연도	캐나다 제이주 연도	캐나다에서 초기 직장	캐나다에서 대표적 자영업/직업
1	허영식	1940	청주	고졸/전기 시원	1965	1968	건설회사 전기공	전기설비업체
2	이선모	1941	삼척	대학 중퇴/현대건설 직원	1965	1969	베어링공장	편의점
3	김동현	1938	황해도 서흥	대학 중퇴/무역상 직원	1964	1967	엘리베이터 회사	편의점, 공장
4	김한웅	1943	광주	대학 중퇴/무직	1966	1969	양계장, 자동차 머플러 공장, 택시	편의점
5	한서준	1940	청주	고졸/무직	1965	1968	부품조립공장, 택시	식품점, 건강식품점
6	최원호	1939	부산	대졸/무직	1965	1969	실험실	편의점, 호텔사업
7	김용진	1941	경산	고졸/직장인	1965	1968	베어링 회사, 택시	간이식당, 편의점, 제과엄체 근무
8	인지훈	1940	논산	대졸/공무원	1965	1968	자전거제조공장, 페인트공장	식품점, 식품수업
9	박찬영	1948	삼척	고졸/무직	1973	1977	기계조립공장	편의점, 장거리 전화카드 판매업
10	황용식	1938	서울	대졸	1964	1966	제너럴모터스	의류업
11	김정후	1937	황해도 연백	대학 중퇴/직장인	1964	1970	CCM(아이스하키 용품업체)	햄버거 가게

파독 광산근로자의 삶과 글로벌 모빌리티

순서	성명	출생 연도	고향	한국에서 최종 학력/직업	독일 이주 연도	캐나다 재이주 연도	캐나다에서 초기 직장	캐나다에서 대표적 자영업/직업
12	차상철	1943	삼척	고졸/무직	1964	1968	기계공장, 베어링공장, 택시 운전	기념탑, 편의점, 세탁업, 여행사, 건강식품점
13	김기엽	1937	함양	대졸/무직	1965	1968	기계공	기프트숍
14	손정일	1945	당진	대졸/제철 회사원	1970	1974	자동차 마플러 공장, 지렁이[집이]	식품제조업
15	민동식	1943	서울	대학 중퇴/학생	1966	1969	직장생활	편의점
16	오진태	1938	서울	고졸/네온사인 기술자	1964	1967	자동차공장	편의점
17	손경식	1937	서울	대졸/무직	1966	1969	주물공장 근무	자동차 배터리 공장
18	임주영	1938	개성	고졸/무직	1964	1967	자동차공장	편의점
19	윤병식	1939	광천	대학 중퇴/무직	1964	1969	기계생산공장	편의점
20	정윤식	1938	서울	고졸/공무원	1965	1968	용접공	편의점
21	구민후	1938	서울	고졸/무직	1964	1968	자동차공장	편의점

2
파독 광산근로자의 캐나다에서의
재이주 경험

---

(1) 캐나다로의 재이주 동기

파독 근로자들은 3년 계약으로 독일로 갔고 초기에는 계약 연장이 되지 않았다. 면담자들이 독일에서 계약만료 후에 한국으로 귀국하지 않고 캐나다로 재이주한 가장 큰 이유는 귀국 후의 경제적 불투명이었다. 한국에 다시 돌아가더라도 일자리가 보장된 것도 아니었고 한국의 경제적인 여건이 좋지 않다는 판단하에 제3국으로의 이민을 택하게 되었다고 한다. 한국에서 독일로의 1차 이주와 유사한 맥락에서 모국에서의 제한된 경제적 기회를 독일에서 제3국(캐나다)으로의 2차 이주를 통해 벗어나 글로벌 차원에서 이동성을 극대화하고자 했다.

> "한국 가서 뭐 해요? 계약 끝나고 한국에 갈 생각을 하니 또 앞이 캄캄했습니다." (김동현, 1939년생)

"한국 사람들이, 젊은 사람들이 나왔는데 한국을 다시 들어가도 너무 사정이 뻔했습니다. 다시 가면 실업자가 되는 것이 너무 당연했습니다."
(차상철, 1943년생)

또한, 독일에서의 장기체류의 어려움이 재이주 사유가 되기도 했는데, 독일은 경제적 목적에서 외국인 인력을 고용하되 그들의 정주와 장기적 이주를 허용하지 않는 외국인 정책을 오랫동안 유지했던 국가였다.

"우리가 독일을 떠날 때는 독일이 외국인을 받아주지 않았습니다. 영주권을 안 줬어요. 그때 받아줬다면 우리도 어쩌면 독일 사람이 됐을지도 모릅니다." (김한용, 1943년생)

한국에서 독일로의 1차 이주에서는 노동이주자 모집, 파견과 관련된 일련의 과정이 정부 차원에서 이루어졌다. 하지만 재이주에서는 개인적 차원에서 새로운 진로를 개척했다. 전문적으로 이민 정보를 제공하고 서류 준비를 대행하는 이주 중재기관이 있었던 것도 아니다. 따라서 스스로 독일 소재 외국 정부 기관을 탐방해서 정보를 수집하고 광산근로자들 간의 개인 연결망을 통해 이주 정보를 공유했다.

"독일에서 계약이 끝날 때쯤 시간만 나면 오스트리아 영사관, 남아프리카 영사관, 남미 영사관, 뉴질랜드 영사관을 다녔습니다. 어느 나라로 이민이 되는지 안 되는지를 알아야 되니까요. 다른 나라 영사관은 다들 '너희 나라로 가서 이민 신청을 하라'고 했는데, 캐나다 영사관은 독일에서도 이민 신청이 가능하다고 했습니다." (황용식, 1938년생)

독일에서 같은 광산에서 근무했던 동료 혹은 간호사들의 앞선 이주에 영향을 받아서 캐나다행을 결심하기도 했다. 본 연구자가 현지조사 중에 취득한 '재캐나다 서독동우회' 주소록에는 회원들의 독일에서의 근무지가 약자로 표시되어 있는데, 주로 함본(H)과 아헨(A) 지역에서 캐나다로 이주를 많이 했다. 이주 시기도 1960년대 후반에 캐나다로 건너온 경우가 대부분이었다. 비슷한 시기에 독일에서 같은 광산지역에 근무했던 동료들 간에 캐나다 이주에 관한 정보 교환이 이루어졌고, 이를 통해 이주가 촉진되었다.

파독 인력들의 국제적 이동성으로 인해 독일과 캐나다 간에 초국적 이주 네트워크가 형성되었고, 이를 통해 캐나다 이주에 대한 정보가 공유되었다. 일부 광산근로자들은 유사한 시기에 파독 되었던 한인간호사와의 결합을 통해 가족 형성이 가능했고 그러한 결합은 독일정주나 제3세계로의 재이주에 영향을 주었다.

> "광산 근무 후에 아헨(Aachen) 공대에 진학했습니다. 독일에서 공부를 끝내고 싶었는데 부인도 있고 애도 있으니까 끝낼 자신이 없었습니다. 저랑 같은 광산에서 근무했던 친구도 캐나다로 가고, 부인이 아는 간호사도 캐나다로 가니까 저희도 캐나다로 가고 싶었습니다." (최원호, 1939년생)

면담자들은 처음부터 특정 북미 국가, 즉 캐나다로의 이주를 목적으로 했다기보다 당시 한시적으로 우호적이었던 캐나다의 이민정책으로 인해(Park, 2018) 다른 나라에 비해 이민·여행비자 받기가 수월했기 때문에 캐나다행을 택했다고 한다. 당시 독일 주재 캐나다 대사관에서 이민에 대한 안내가 잘되어 있었고 상당히 우호적이었다고 한다. 캐나다 정부는 1967년 이민법을 개정하여 국적보다 캐나다 노동시장의 수요와 개인의 기술을 중시하며 점수제(Point System)를 통해 이민을 받아들였다. 1960년대부터 캐나다는 전 세계에 자국의 이민관들을 파견하여 적극적으로 이민 유치 작전을 폈으며, 이민 심사를 간소화하고 다문화 정책 수립과 인권 옹호를 대외정책의 우선순위에 둠으로써 대외적으로 캐나다에 대한 긍정적인 이미지를 부각시키려고 했다(문영석, 2005).

"3년 동안 독일에서 광산에서 일했기 때문에 광부 경력으로 캐나다 이민을 신청할 수 있었습니다. 당시 캐나다에서 필요한 사람을 이민자로 받았으니까요. 전기기술직으로 이민을 신청해서 이민비자를 받아서 캐나다에 왔어요. 캐나다로 먼저 이민을 간 사람이 어떤 식으로 했다는 정보를 주고 그 정보를 받아서 따라 했습니다. 미국으로 가는 것보다는 캐나다 비자 받는 게 훨씬 수월해서 캐나다로 왔어요." (허영식, 1940년생)

"독일에서 결혼을 했는데 (간호사) 와이프 친구가 호주 병원에 있어서 사실 저희 부부는 호주 이민도 생각하고 있었어요. 그때 캐나다 이민이 가능하다는 말을 듣고 캐나다 대사관에 갔어요. 캐나다 이민 안내 책자가 있었는데 신청서류를 보니까 너무 좋았어요. 일을 못 하게 되면 6개월간 지원을 해준다고 되어 있었어요." (송정일, 1945년생)

미국이나 호주 등 타국으로의 재이주를 고려했다가 해당 국가의 이민 조건이 까다로워서 대신 캐나다를 선택했다는 면담자도 있었다.

"독일에 있을 때 신문을 보니까 호주가 유색인종 이민을 받는다고 되어 있어서 차를 타고 쾰른(Köln)에 있는 호주 대사관에 갔더니 이민이 안 된다고 그래요. 그래서 오다가 캐나다 대사관에 들러서 캐나다에 이민을 가고 싶다고 그랬더니 바로 그 자리에서 비자를 줬어요. 그때는 조건이 참 좋았어요. 왜냐하면, 캐나다에서 그 당시에 노동자들이 모자라니까 우리가 광산에서 직업을 잡고 있으니까 무조건 이민이 되었어요." (김동현, 1938년생)

(2) 캐나다에서의 직업 변화

'생계형 이민'은 주로 취업이나 사업하기 쉬운 대도시로 몰려들 수밖에 없기 때문에 초기 한인 이민자들은 캐나다 최대 도시인 토론토와 그 인근에 집중적으로 정착했다(문영석, 2007a). 면담자 중 상당수는 토론토에 경제적 기회가 많아서 직장 구하기가 쉽고 상대적으로 한인이 많아서 초기 정착에 필요한 도움을 받을 수 있을 것이라는 기대로 토론토로 왔다고 했다. 처음부터 토론토로 온 경우와 캐나다의 다른 도시에 갔다가 다시 토론토로 온 경우가 있었다. 후자의 경우 독일광산 근무 경험을 바탕으로 기술이민을 신청할 수 있었는데 이 때문에 캐나다 북쪽의 광산으로 가서 일하다가 다시 토론토로 왔고, 일부는 타 도시에서 유학하다가 중도 포기하고 직업적 기회를 찾아서 토론토로 온 경우가 있었다.

'이민자 사회 네트워크(migrant social network)'는 사회자본의 형태를 띠는 일종의 공공재로 잠재적 이주자에게는 이주의 기대 위험을 낮추고 이주 후에는 구직, 주거지 선택, 수용국 사회로의 통합 등 이주에 따른 거래비용을 낮추는 데 도움을 준다(Massy et al., 1993; Fagiolo and Santoni, 2016; 윤광일 외, 2016 재인용). 먼저 왔던 같은 광산에서 근무했던

동료나 친지와의 초국적 이주 네트워크에 기인하여 토론토로 오기도
했다.

> "독일에서 같이 일했던 친구가 있는데 그 친구가 캐나다로 올 거면 토론
> 토로 오라고 얘기했어요. 그래서 와서 친구 집에서 한 달 정도 있었어요.
> 그때는 다 그랬어요. 그때는 먼저 와 있는 친구가 공항에서 픽업(pick up)
> 을 하고 숙소를 알아봐주고 직업을 구해주는 것까지 다 했어요." (이선모,
> 1941년생)

기존 연구에서는 파독 근로자들의 재이주와 관련해서 미국이 대
표적인 사례로 소개되고, 1960년대 미국 이민법 개정으로 이민 문
호가 개방되고 더욱이 간호 인력의 취업 기회가 많았다는 점을 강조
한다. 1960년대 당시 미국 의학계에서 수요가 컸던 간호사들은 미국
으로 취업비자를 쉽게 얻을 수 있었는데, 광산노동자는 이들 간호사
와 결혼하여 배우자 신분으로 미국에 들어왔다고 한다(Shin and Chang,
1988; 윤인진, 2007). 또한, 재미 파독 광산근로자 중 일부는 간호사인 부
인을 통해 영주권을 취득하기도 했다. 미국의 특수한 상황으로 재이주
과정에서나 합법적 지위 취득에서 간호사들이 큰 역할을 하며 이민을
주도하는 경향이 있었다.

이에 반해 당시 캐나다로의 이주는 상대적으로 용이했는데, 본
연구 면담자들은 단독으로 정식 이민 절차를 밟아서 캐나다로 입국했
거나 여행비자로 캐나다로 초기 입국을 했더라도 현지에서 "이민국에
신청만 하면" 두세 달 만에 영주권을 받을 수 있었다고 한다.

캐나다의 우호적인 이민자 정책은 면담자들의 캐나다 재이주 이
후의 초기 정착 과정에도 영향을 미쳤다. 캐나다로 이민 와서 이민국

에 등록하게 되면 '맨파워(이민자를 위한 정부 기관)'로부터 직업 알선을 받을 수 있었고, 일정 기간 생활비 보조(주당 70불)와 함께 영어연수에 대한 지원을 받을 수 있었다(류주현, 2018).

또한, 맨파워 외에도 파독 근로자들은 캐나다 이주 후에 먼저 온 광산 동료와 한인교회 등을 통해 초기 정착에 필요한 생활 정보와 취업 정보를 얻었다.

> "캐나다에 처음 와서 교회에서 직장에 대한 정보를 듣고 월급이 좀 좋은 데는 다들 몰렸어요. 독일 출신들이 독일에서 이미 직장생활 3년을 하고 왔고 여기 와서도 일을 열심히 했으니까 다들 좋아했어요. 회사에서 친구 데려오라고 해서 좋은 데는 50명 이상이 같이 일을 했어요." (김동현, 1938년생)

> "광산에서 굉장히 힘든 일을 했기 때문에 여기 와서 이런저런 일을 해도 힘들지가 않았습니다. 머플러 만드는 것, 베어링 만드는 것, 다 신선놀음이나 마찬가지였어요. 독일 출신들은 개척자들이기 때문에 무슨 일이든지 닥치는 대로 다 했습니다. 그리고 외국 생활을 이미 했기 때문에 이민 생활을 낯설어하지는 않았어요. 다들 일자리를 금방 찾았고 서로 일자리 정보를 공유했습니다." (차상철, 1943년생)

앞의 〈표 3.1〉에서와 같이 캐나다 이주 초기에는 대부분 제조생산공장 등에 취업했고, 일부는 한국이나 독일에서 습득한 기술을 활용해서 전기기술자나 용접기술자로 일했다. 한국과 독일에서 취득한 기술을 인정받기 위해서는 캐나다 현지 직업학교를 다시 다녀서 자격을 취득해야 관련 분야에 근무할 수 있었다.[3] 또한, 캐나다 택시 자격증을 따서 부업으로 택시 운전을 했고, 한때 캐나다 한인 중 일부는 지렁이 잡이에 종사하기도 했다.[4]

파독 근로자의 가장 일반적인 경제 적응 패턴으로는 초기 몇 년 간 직장생활을 통해 창업자본을 형성한 후에 자영업을 시작하는 것이 었다. 면담자들이 많이 종사했던 자영업 업종으로는 편의점이 압도적으로 많았고[5] 세탁업, 식품업, 식당업, 가발업, 건강식품업에도 종사했는데 현재는 대부분 은퇴했다.

---

3 송광호(1991)는 캐나다의 한인 최초 전기 면허자였던 김영호(실제 이름)의 사례를 소개하고 있다. 1968년 캐나다에 도착한 김영호는 파독 근로자로 독일에 갔다가 캐나다로 재이주했다. 전기과 출신으로 한국과 독일에서 전기기술자로 근무한 경력이 있었지만, 캐나다에서 전기 관련 직종에 취업하거나 사업을 하기 위해서는 현지 자격시험이 필요했다. 캐나다 입국 후 전기 면허 시험을 쳤다. 60점 미만은 불합격, 60~79점까지는 주정부 면허, 80점 이상은 캐나다 전체 면허를 받을 수 있었는데 입국 후 처음 응시했던 시험에서는 주정부 면허를 취득하게 된다. 면허를 받고 TV 케이블 가설하는 회사와 독일계 캐나다인이 경영하는 전기회사에 취직했다. 직장을 다니면서 전기 면허 시험에 재응시하여 캐나다 전국에서 인정되는 전기기술 자격 면허 및 개인 전기사업을 할 수 있는 종합 면허(Master License)를 취득한다. 종합 면허 시험은 전기에 관한 캐나다 법률관계 시험이었기 때문에 나름 난이도가 있었고 세네카 대학 6개월 야간과정(전기법)을 이수하는 과정을 거쳐 취득할 수 있었다. 종합 면허를 가지고 개인 전기사업체를 설립했다.

4 1970년대 후반에는 당시 낚시 미끼용 지렁이 수요가 크게 늘어나자 한때 약 1천 명의 한인이 이 분야에 종사하는 것으로 집계되었고, 한인사회의 생계 및 자본 축적 수단으로 중요한 역할을 하기도 했다(한재동, 2007).

5 북미 산업 분류(North American Industry Classfication)에 따르면, 식품 일반을 판매하는 식료품 산업(Grocery Stores: 분류번호 4451) 내의 한 가지인 컨비니언스 스토어 산업(분류번호 445120)은 우유, 빵, 청량음료, 간식류, 담배 제품, 신문, 잡지 등의 제한된 편의 품목을 소매하는 소위 편의점으로 구성된 산업이라고 정의될 수 있다. 더불어 제한된 종류의 깡통 식품, 유제품, 가정용 종이 및 청소용품, 주류를 소매할 수 있고, 복권 판매 등의 서비스를 제공할 수도 있다고 규정되어 있다(Statistics Canada, North American Industry Classification 참조; 한재동, 2007에서 재인용).

3
재캐나다 한인사회에 기여한
파독 광산근로자

(1) 블루어 코리아타운 건설

에스닉타운(ethnic town)이란 "특정 국가에서 해당 국가의 주류 민족이 아닌 소수민족집단이 일정한 공간적 범위에서 밀집하여 거주하는 지역"을 의미하며, 국내에서는 외국인 밀집 지역, 다문화공간 등의 용어로 혼재되어 사용되고 있다(심창섭·강형철, 2017). 낯선 외국에 거주하는 특정 민족 또는 국가 출신 외국인은 직업, 주거 등의 정보 교환, 상호 부조 등 자발적 필요에 의해 네트워크를 형성하게 되고 공간적으로 점차 밀집하게 되어 에스닉타운을 형성하게 된다(최병두, 2012; 심창섭·강형철, 2017 재인용).

1970년대 초부터 한인의 유입이 이루어지며 캐나다에도 한인사회가 본격적으로 형성되었는데, 한국인 신규 이민자들이 모여든 곳은 주로 월세가 싼 동네인 블루어(Bloor) 지역이었다.

"광부들이 독일에서 토론토로 건너와서 처음에는 다들 블루어에 살았어요. 다 옛날 집이었는데 전부 2층에 방 하나씩을 얻어서 살았어요. 일주일에 20불씩 계속 한 달에 80불 정도 렌트를 냈어요."(이선모, 1941년생)

1970년대 중반부터 토론토 다운타운 블루어 거리에 코리아타운이 형성되었다. 코리아타운 형성 초기에 가장 먼저 설립되어 빠르게 증가한 업종으로는 식품점이 있다(류주현, 2018). 한인 이민자들의 식문화와 이민국 문화가 가장 차이 나는 음식문화로 인해 식품점이 제일 먼저 시작된다.

시카고와 로스앤젤레스에서 한국식품점과 음식점이 코리아타운 건설에 초석이 되었던 것처럼(배진숙, 2019b) 캐나다 최초 코리아타운인 블루어 코리아타운 형성에도 파독 근로자들이 설립한 식품점의 역할이 컸다. 이 지역에 1969년 최초의 한인 상점인 '삼미식품'이 설립되었다. 삼미식품에서는 배추 같은 농작물은 주로 중국계 농장에서 사왔고, 한인의 주식과 관련된 쌀, 김치, 콩나물, 두부 등을 판매했다. 삼미식품에 이어 파독 근로자 출신 강문웅의 '동양식품', 이창복의 '한국식품', 김세영의 '대한식품'이 잇달아 개업했다(토론토한인회, 2013).[6] 식품점이 연달아 생겨서 블루어에 상업적인 한인의 집적이 시작되었다.

이창복은 일반 편의점을 하다가 미국에서 한국식품을 직접 가져와서 1972년 한국식품점을 개업했다. 사업이 확장됨에 따라 한국에서 가족들을 초청했고 동생들에게 '한국식품' 본점과 분점을 넘겼는데, 한국식품은 블루어 거리의 본점 외에 스프링가든점(Spring Garden), 미시사가점(Mississauga), 쏜힐점(Thornhill) 등 지점으로 확산되면서 체인을

---

6   강문웅, 이창복, 김세영은 실제 이름이다.

그림 3.5 블루어 코리아타운에 자리한 '한국식품'
출처: 한국학중앙연구원

형성하고 있다.[7] 1974년부터 이창복은 식품수입업에 본격적으로 매달
리게 되고 팬아시아(Pan Asia Food) 수입 식품회사를 운영하는 기업인으
로 대성하게 된다.[8] 또한, 당시 블루어에 파독 광산근로자 출신 이기항
이 운영하는 '한국관' 음식점도 있었는데, 현존하고 있다.[9]

---

7 P.A.T. 한국식품: https://patmart.ca/(검색일: 2023. 3. 31)

8 이창복은 식품수입업 초기에는 한국, 필리핀, 중국에서 식품을 수입했는데 나중에는
한국 음식에 주력하여 수입하게 되었다고 한다. 한국 물건을 캐나다 사회에 많이 알
렸기 때문에 그 공로로 한국 정부로부터 상을 받았다(토론토한인회, 2013). Pan Asia
Food: https://www.panasiafood.com/(검색일: 2023. 3. 31)

9 이기항은 실제 이름이다.

파독 광산근로자의 삶과 글로벌 모빌리티

표 3.2 파독 광산근로자가 북미에 설립한 대표적 사업체(1970년 전후)

지역	초기 식품점/식당
미국 시카고	아리랑마켓, 삼미장 식당
미국 LA	올림픽마켓, 영빈관
캐나다 토론토	동양식품, 대한식품, 한국식품, 한국관

초창기 블루어 코리아타운 구성원은 한국에서 온 유학생 출신이거나 남미국가나 베트남에서 건너온 재이주자 등 다양했다. 독일 출신만 있었던 것은 아니었지만, 상당수가 파독 광산근로자 출신이었다고 한다.

"블루어 코리아타운 시절에는 거의 독일 출신이었어요. 3분의 2는 독일 출신이었어요. 블루어에 초기에 가게들이 생길 때 많은 수가 서독 출신들의 가게였습니다." (김한용, 1943년생)

블루어 코리아타운 외에도 1990년대부터는 토론토 북부 노스요크(North York) 지역에 새로이 코리아타운이 형성되어 급속도로 번창하며 영거리(Yonge Street)를 따라 북쪽으로 확장되어갔다(토론토한인회, 2013).

(2) 편의점 사업과 '한인실업인협회' 견인

미국 사례에서는 파독 근로자들이 재이주 후에 청소업, 봉제업, 가발업 등 비교적 다양한 업종의 자영업에 종사하는 경향을 보였다(배진숙, 2019a & 2019b). 이에 비해 캐나다 한인의 경제활동에서 가장 두드러진 특징 중의 하나는 편의점 종사율이 상당히 높다는 점이다. 미국과 비교해서 한인의 규모가 크지 않았기 때문에 에스닉 경제를 바탕으로 경제적 부흥을 꾀하거나 업종의 다양화가 이루어졌다기보다 코리아타운에 국한되지 않고 토론토 전역에 산재하며 편의점 경영을 통해 자본 축적을 한 경향을 보였다. 편의점을 인수하는 데 필요한 자본 소요액이 소규모여서 사업을 시작하기가 용이했고 영어를 그다지 많이 쓸 필요가 없었다. 면담자 중에도 상당수가 편의점 지배인으로 일했거나 혹은 다양한 종류의 편의점을 경영했다.

"편의점은 정말 캐나다에서 한국 사람들이 경제적으로 자리 잡는 데 굉장히 큰 역할을 했습니다. 처음에는 전부 거기서 시작했어요. 저도 거기서 시작해서 집을 샀어요. 당시에 편의점을 전부 유대인들이 다 가지고 있었어요. 유대인들이 하나둘씩 팔고 나가는 거예요. 그러다가 편의점을 전부 한국 사람들이 다 차지했어요." (이선모, 1941년생)

"캐나다 편의점에서 매니저를 뽑았고 거기에 한국 사람들이 뚫고 들어갔습니다. 거기서 배워서 사람들이 '아, 가게를 하니까 좋더라'라고 했습니다. 그러면 편의점 체인에서 일할 것이 아니라 우리 개인 소유의 사업체를 할까 해서 뚫고 들어갔습니다. 그때만 해도 사람들이 담배를 엄청 피웠기 때문에 손님들이 물밀듯이 편의점을 이용했습니다. 그렇게 해서 실업인협회가 생겼고 한창 많을 때는 한인 편의점이 3천 개가 되었습니다." (김한용, 1943년생)

1970년대 초기의 한인은 맥스(Mac's)와 베커스(Becker's) 양대 편의점 체인 기업의 연쇄점을 통해 캐나다 사회에서의 사업에 눈을 떴다.

처음에는 편의점 지배인으로 경영 경험을 쌓아서 개인 상점을 인수하기 시작했다. 이렇게 해서 1973년 발족한 것이 '토론토 한인상인협회'이며 이 단체가 발단이 되어 점차 한인이 단결하여 도매상들과 단체 협상하고 협동조합을 설립하여 공동구매를 했다. 단체명을 1974년에 '한인실업인협회'로, 1976년에는 '온타리오 한인실업인협회(Ontario Businessmen's Association, 약칭 온타리오 실협)'로 변경하고 법인체로 등록했다. 온타리오 실협은 토론토 한인사회의 대표적인 경제단체로 성장했다. 1978년부터 자체 소식지인 「실협 뉴스」를 창간했으며 이사회를 조직했다(문영석, 2007a).

한인의 편의점 사업 종사와 관련해서 한인실업인협회의 활동이 매우 중요하다. 실협은 1976년까지 30~50명 규모의 상조회 성격으로 유지되어오다가 파독 광산근로자들의 모임인 동우회의 조직력이 접목되면서 제도적 정비를 통해 도약의 기틀을 마련하게 되었다(토론토 한인회, 2013). 이미 독일의 거대 탄광조직 속에서 서구 집단사회의 운영원리에 대한 훈련을 거친 이들 캐나다 한인 이민 개척자들은 경제 공동체를 이루어나가는 데 주도적 역할을 했다(한재동, 2007).

실협의 초기 성장에 파독 근로자 출신들이 견인차 역할을 했다. 특히 김정곤(3대 회장, 1976~1978), 김영제(4대 회장, 1978~1980), 이형인(5대 회장, 1980~1981)의 헌신이 큰 역할을 했는데, 이들은 추진력을 가지고 온타리오 실협 정비에 헌신했다.[10] 대내적으로는 회원 확보를 위해 한인 경영 편의점들을 방문해서 온타리오 실협 가입을 권유했고, 대외적으로는 제조 및 공급 회사들과의 협상을 통해 온타리오 실협의 단체 교섭권을 인정받고자 노력했다. 종국적으로 온타리오 실협은 주종 판

---

[10] 김정곤, 김영제, 이형인은 실제 이름이다.

그림 3.6 온타리오 한인실업인협회 로고
출처: 온타리오 한인실업인협회

매 품목 각각에 대한 단체교섭에 성공함으로써 회원 개개인의 수익률을 파격적으로 높이는 한편 실협의 힘을 더욱 늘려나갔다(한재동, 2007). 실업인협회 로고에 닭과 부엉이 그림이 있는데, 이는 새벽에 일찍 일어나는 닭과 늦게 자는 부엉이를 통해 사업체 경영에 장시간의 노력과 성실함이 필요했음을 상징한다.

"편의점을 운영하려면 시간을 많이 쏟아야 했어요. 아침 7시부터 밤 11시까지 열어야 하고, 월요일부터 일요일까지 7일 일했어요. 그래도 수입이 가장 안정적이었기 때문에 편의점 사업을 많이 했습니다." (윤병석, 1939년생)

편의점 영업 수익은 1980년대 중반까지 비교적 괜찮은 편이었다. 캐나다에는 '주일법(Lord's Day Act)'에 의해 오랫동안 일요일에는 편의점 같은 영세업체를 제외한 일체의 영업 행위가 금지되었는데, 1980년대 중반에 폐지되고 대형 할인 판매점이 일요일 영업을 개시했다. 더욱이 1990년대부터는 정부의 금연정책으로 편의점 주종 수입원인 담배 판매량이 줄어들면서 편의점 업계는 타격을 받게 된다(한재동, 2007).

"그전에 박리다매로 판매를 했습니다. 장사가 잘되니까 돈을 벌게 되어

파독 광산근로자의 삶과 글로벌 모빌리티

있었습니다. 계속 논스톱으로 돈을 벌었습니다. 갈수록 여러 종류의 세금이 생기고 대형마트가 오픈하고 그리고 미국 회사가 들어오고 담배판매가 줄어드니까 편의점 장사가 되지 않았습니다.”(박찬영, 1948년생)

한인은 이를 타개하기 위해 커피전문점, 스낵코너, 세탁소 등으로 업종을 전환하는 경향이 늘어났다(문영석, 2007b). 1991년부터 1996년까지 지속된 캐나다 경제의 장기 불황도 한인 경제에 타격을 가했다. 하지만 일부 면담자들은 편의점 경영을 통해 축적한 수입의 재투자를 통해 부동산을 구입하거나 호텔업 등 다른 업종에 진출하기도 했다.

(3) 가족초청과 단체 활동을 통한 기여

캐나다에서는 영주권만으로도 가족초청이 가능했기 때문에 파독 근로자들은 경제적으로 자리 잡기 시작하면서 한국의 가족을 초청했고 이들의 항공료, 초기 정착비까지 책임졌다. 파독 근로자가 한국에서 가족을 초청함으로써 재캐나다 한인 인구가 급격히 증가했다.

독일에서 고용계약이 만료된 500여 명의 광산근로자가 1966년 말부터 1970년대 전반까지 캐나다로 이주했다. 1971년 토론토에 거주하는 한인 인구가 약 3천 명이었으므로 파독 광산근로자 출신 동우회 회원들과 그 가족들이 토론토 한인 총인구의 거의 절반을 차지했다고 볼 수 있다. 이들의 가족초청이민이 1970년대 후반부터 1980년대 전반에 걸쳐 한인 이민의 주류가 되었다. 비공식 통계에 따르면 1980년대에 들어와 토론토 인근 한인 동포의 약 65%가 파독 광산근로자 출신 동우회의 직계 가족 및 친인척 관계로 연결되어 있었다고 한다(한재동, 2007).

"캐나다 한인사회를 초기에 독일 출신들이 일구었다고 할 수 있습니다. 한인사회가 불어난 데는 독일 출신들이 못사는 부모, 형제들을 캐나다로 초청했기 때문입니다. 한국에서 바로 오신 분들은 다 부잣집 유학생 출신이기 때문에 가족을 초청할 필요가 없었습니다. 저는 7형제를 초대했습니다." (최원호, 1939년생)

"독일 출신들이 와서 초청한 가족과 또 그 가족이 초청한 한국 사람들을 다 합치면 몇만 명이 된다고 합니다. 동우회원 중에 한인회장 하신 분이 계시는데, 그분이 초청하신 분들 다 합치면 100명이 넘는다고 합니다." (김용진, 1941년생)

"가족을 초청하게 되면 여기 있는 사람이 비행기 경비도 내야 하고 처음에 직업을 잡을 때까지 돌봐줘야 하니까요. 가족을 초청하지 않은 사람들은 거의 없고, 보통은 1970년대 초에 초청을 많이 했어요." (김동현, 1938년생)

"처음에는 광산근로자들이 중심이 되어서 실업인협회를 하고 가게를 했는데, 또 광산근로자들이 가족을 초청하면 그 가족들도 가게를 했습니다. 먼저 온 광산근로자들에게 사업 기술을 배워서 그 가족이 다시 다른 가게를 개업했습니다." (김한용, 1943년생)

또한, 파독 광산근로자들은 캐나다 국내에서 타 도시로의 이동과 가족초청을 통해서도 재캐나다 한인사회가 지리적으로 확장되는 데

파독 광산근로자의 삶과 글로벌 모빌리티

기여했다.

> "여기 캐나다에 런던(London)이라고 있는데 런던에 포드(Ford) 공장이 생
> 기면서 많은 광부들이 런던으로 갔어요. 런던 한인사회가 그렇게 해서
> 구성됐어요. 인구가 불어나는 이유가 광부가 자기 동생을 초청하고 또
> 동생이 처가를 초청하고 하는 식으로 해서 불어난 거예요." (김동현, 1938
> 년생)

재캐나다 서독동우회는 1977년 10월 15일에 창립총회를 개최하
면서 본부를 토론토에 두고 내적으로는 회장단 및 임원진 구성, 회칙
을 발간해서 이사회도 구성하고, 주소록을 발간해왔다. 창립 당시에
회원이 300명 정도였는데, 그 이후에도 정기적으로 매년 야유회와 연
말모임을 가져오고 있다(이용구, 2015). 현재 온타리오 주내에 등록된 회
원은 200명 정도다. 동우회 행사에 과거에는 100~150명이 참석했는
데, 지금도 80~60명 정도 참석하고 있다고 한다.

> "이민 초창기에 광부들이 열심히 일해서 한인사회 행사에는 전부 광산
> 출신들이 재정지원을 했습니다. 노인들 잔치도 차려주고. 동우회원들 중
> 에 한인회 활동을 한 사람들도 많습니다. 한인회 회장, 부회장도 했어요.
> 다른 뜻 있는 한인 단체도 많이 만들었어요." (황용식, 1938년생)

동우회는 1998년부터 총회 결의에 따라 매년 일정 금액을 조성하
여 심장병어린이후원회, 맹인후원회, 한인복지재단, 한인사회봉사회,
우리민족서로돕기운동, 노인회 등 6개 한인 단체를 돕고 있다. 동우회
는 이러한 활동들을 인정받아 1999년에는 한인상위원회가 수여하는

'한인상' 단체상을 수상하기도 했다.[11] 동우회 단체 차원에서 한인상을 수상하기도 했지만, 개인 차원의 한인사회 기여에 대해 인정받으며 캐나다 한인상을 수상한 동우회원으로는 구자선, 김세영, 여동원, 원영신, 이창복 등이 있다.[12] 또한, 파독 광산근로자 적립금 일부를 한인사회 장학재단에 기부했고 현재도 매년 동우회 명의로 2,500달러씩 2명의 한인 학생들에게 장학금이 지급되고 있다.

그림 3.7 파독 광산근로자 출신 구자선 회장이 운영하는 식품제조업체 '평화식품'

---

11 한인사회 발전을 위해 모범이 되는 이들의 공로를 기리는 의미로 시상하는 한인상은 캐나다에 거주하는 한인, 비한인을 대상으로 하며 문화(학술, 예술, 의학, 체육 등), 공로(캐나다 및 교민사회 발전에 기여), 단체, 감사 등의 부문으로 구분된다(토론토한인회, 2013).

12 구자선, 김세영, 여동원, 원영신, 이창복은 실제 이름이다.

파독 광산근로자의 삶과 글로벌 모빌리티

그림 3.8 '평화식품'에서 제조하여 북미 전역으로 유통되는 한국 식품

그림 3.9 토론토 '평화식품'의 구자선 회장
1972년 파독 광산근로자로 독일로 갔다가 이후 캐나다로 이주. 토론토 한인사회를 위해 다양한 기부 및 후원 활동을 전개해왔고, 2021년 한국 정부로부터 국민훈장 모란장을 받음.

4
맺음말

이 글에서는 그동안 연구가 매우 미진했던 파독 광산근로자들의 캐나다 재이주 경험에 주목하여 이주 동기, 이주 경로, 사회경제적 정착 과정에 대해 고찰했다. 또한, 이들의 재캐나다 한인공동체 형성과 발전에서의 기여에 대해서도 살펴보았다. 파독 근로자들이 독일에서 캐나다로 재이주한 이유에는 귀국 후의 경제적 불투명, 독일에서의 장기체류의 어려움, 그리고 당시 수용적이었던 캐나다 이민정책 등이 포함된다. 1960년대 절대빈곤 상태에 있던 고국을 떠나 해외에서 돌파구를 찾으려 했던 한인의 욕구와 그간의 유색인종에 대한 차별을 철폐하고 이민 문호를 대폭 개방한 캐나다의 정책이 마침 맞아떨어진 시기였다(문영석, 2007a). 독일에서 같은 광산에서 근무했던 동료 혹은 간호사들의 앞선 이주에 영향을 받아서 캐나다행을 결심하기도 했다. 파독 인력의 국제적 이동성으로 인해 독일과 캐나다 간에 초국적 이주 네트워크가 형성되었고, 이를 통해 캐나다 이주에 대한 정보를 공유했고 초기 재정착을 서로 도왔다.

이주 경로에서 대부분 면담자는 독일에서 캐나다로 바로 재이주했지만, 일부는 한국이나 제3국을 거쳐 캐나다에 입국했다. 캐나다 이주 초기에는 주로 제조생산공장에서 일하면서 창업자본을 축적했고, 이를 바탕으로 자영업을 시작했다. 주요한 연구 결과의 분석 및 요약은 다음과 같다.

첫째, 필리핀 가사도우미나 간호사의 이주 패턴에서 발견되었던 '단계적 국제이주' 방식과의 비교가 가능하다. 단계적 국제이주 방식을 취하는 경우 모국에서 출국 전부터 서열화된 이주 목적지가 있고 이주자본의 부족이나 이민법상의 제약으로 인해 최종 목적지에 한 번에 가기 힘든 경우 경유지를 거쳐 단계적으로 가장 선호하는 목적지로 이주한다. 이에 반해 대부분 면담자는 한국에서 출국 전부터 의도적으로 독일을 경유지로 삼아 캐나다로 가겠다고 계획하지는 않았지만, 본국에서의 경제적 기회의 결핍, 독일에서의 이민 경험, 그리고 1차 이주지에서 구축한 연결망이 캐나다로의 재이주와 정착 과정에 영향을 주게 된다.

그리고 국제이주에서 필리핀 가사도우미와 간호사들은 초국적 이주 과정에서도 동일한 직종을 유지하며 국가 간 직업적 연속성을 가지는 경향이 있다. 캐나다로 재이주한 소수의 파독 광산근로자 중에는 이민비자 및 영주권 획득을 위해 광산업에 지원해서 캐나다로 건너오기도 했다. 하지만 일정 시간이 지나면 광산업을 떠나 타 직종에 종사하거나 자영업을 시작했다.

둘째, 기존 연구에서는 파독 광산근로자의 제3국으로의 재이주와 관련해서 이민 국가에 따른 이주 경로나 정착 과정에서의 공통점과 차이점에 대해 심도 있게 고찰하고 있지는 않았다. 하지만 본 연구 결과를 바탕으로 같은 북미지역이지만 미국과 캐나다로의 재이주와 정착 경험을 비교 관점에서 조명할 수 있다.

당시 캐나다가 이민에 매우 수용적이었고 상당수의 파독 광산근로자들은 캐나다로의 입국 전에 이미 영주권을 취득해서 독립적인 이민자 신분으로 입국하게 된다. 하여, 미국 사례와 비견하여 캐나다로 온 광산근로자들은 이민 초기 법적 지위 취득에서 간호사에 의존하는 경향이 전혀 없었고, 정부 차원의 초기이민 정착지원 프로그램을 활용하기도 했다.

1970년대 중반부터 토론토 다운타운 블루어 거리에 코리아타운이 형성되기 시작했다. 시카고와 로스앤젤레스에서 한국식품점과 음식점이 코리아타운 건설에 초석이 되었던 것처럼 캐나다 최초 코리아타운인 블루어 코리아타운 형성에도 파독 근로자들이 설립한 식품점의 역할이 컸다.

그리고 재캐나다 한인 경제활동의 두드러진 특징 중의 하나는 편의점 종사율이 상당히 높다는 점이다. 캐나다 전역에 편의점 연쇄망을 가지고 있는 회사의 상점 지배인으로 시작하여 경영 능력을 길러 개인 소유 편의점을 구매하여 자영업을 하게 되었다. 한인의 편의점 사업 종사와 관련해서 온타리오 한인실업인협회의 활동과 기여가 매우 중요한데, 한인실업인협회의 초창기 발전에서 파독 근로자 출신들이 견인차 역할을 했다.

캐나다에서는 영주권만으로도 가족초청이 가능했고, 파독 근로자들은 당시 한국에서의 경제적 상황, 캐나다에서의 이민 허용과 경제적 기회에 기인하여 많은 가족을 캐나다로 초청했다. 가족들이 초기에 캐나다 한인사회의 일원으로 정착하여 일자리를 잡고 사업을 시작하는 데도 도움을 주게 된다. 초국적 이주 과정에서 대다수가 한인 간호

파독 광산근로자의 삶과 글로벌 모빌리티

사들과의 결합을 통해 새롭게 가정을 이루게 되고, 현재는 그 자녀들의 상당수가 주류사회에 진출해 있다. 독일에서의 고된 노동을 비롯한 1차 이민 경험이 2차 이주국인 캐나다에서의 정착 과정에 도움이 되었다. 그리고 파독 광산근로자들은 한인회와 다른 다양한 한인 단체를 통해 한인사회에 적극적으로 관여했고 많은 기여를 했다.

4부

파독 광산근로자의 이주, 독일 정착, 노후 생활

이 글은 『다문화와 평화』 16(1), 2022에 게재된 원고를 수정 및 보완하여 재수록한 것임.

1
"석탄아, 고마웠다"

2018년 12월 독일의 루르(Ruhr) 지역[1]에서는 "석탄아, 고마웠다 (Danke für die Kohle)"라는 문구와 함께 독일에 마지막 현존했던 탄광 '프로스포 하니엘(Prosper Haniel)'을 완전히 폐광했다. 루르 지역은 19세기 중반부터 거대한 탄광 지대를 형성하면서 독일에서 석탄과 철 제조의 중심지로 자리매김했다(이영남, 2019). 이 지역은 1960~1970년대 한국의 파독 광산근로자들이 주로 근무했던 곳이기도 하다.

독일은 노동력 부족 현상을 겪으면서 1950년대부터 외국 노동 인력을 동원했다. 1950년대부터 1970년대까지 독일은 국가 간 협정 (bilaterale Abkommen) 방식으로 외국인 근로자를 받아들였는데, 당시 외

---

1 독일의 루르(Ruhr) 지역은 루르강을 중심으로 뒤스부르크(Duisburg), 오바하우젠(Oberhausen), 에센(Essen), 보훔(Bochum), 도르트문트(Dortmund) 등의 대도시를 포함하는 큰 지역이다(이영남, 2019: 210).

그림 4.1 뒤셀도르프 중앙역

그림 4.2 재독 파독 광산근로자와의
면담이 진행되었던 뒤셀도르프한인
교회

파독 광산근로자의 삶과 글로벌 모빌리티

그림 4.3 재독 파독 광산근로자들

국인근로자 모집정책은 애초에는 전후 독일경제의 특정 산업 분야에서 발생한 인력 부족을 보충하기 위한 단기이민(befristete Suwanderung) 형태였다(김기선, 2016). 한국 정부는 1963~1977년 광산근로자 7,936명을, 1966~1976년까지 간호인력 10,723명을 독일에 파견했다(재독동포 50년사편찬위원회, 2015). 독일에서의 계약 기간 후에 파독 인력 중 40%는 한국으로 귀환했지만, 20%가 제3국으로 재이주했고 40%는 독일에 계속 잔류했다. 제3국 이주의 경우 1960년대 1차로 독일에 간 사람들은 주로 북미를 선택한 반면, 1970년대에 간 사람들은 대부분 유럽 내에서 이주를 선택했다(재독한인글뤽아우프회. 2009).

붉게 지는 해도 가려진 뿌연 회색 하늘 아래서 / 옆에 있던 동료를 확인하며 / 하얀 이 드러내던 미소 / 거품 넘치는 맥주 한 잔씩 들이켜며 / 몸속에 먼지 씻어내던 그들 / 거의 50년이 흘렀다. / 전기 기술자로 퇴직한

최 씨도 / 식당을 운영하던 고 씨도 / 작은 한인교회를 세운 조 목사도 / 노동절 신문에 실린 기사를 읽는다. / 울컥울컥 넘어오는 잊혀지지 않는 기억들 / 마른 기침을 토해내는 긴 밤이 될 것이다.

2012년 재외동포재단 주관 제14회 재외동포 문학상 공모전 시 부문 대상 수상작인 재독한인 서미라의 시 「글뤽 아우푸」의 일부다.[2] 계약만료 후에 계약을 갱신하거나 전직을 통해 독일에 계속 잔류한 파독 인력들이 초기 재독한인사회의 인적 토대가 되었다. 「글뤽 아우푸」는 광산근로자로 독일로 노동이주 했던 재독한인에 관한 이야기인데, 시의 초점이 삶 전체를 향하고 있다(재외동포재단, 2012). 1963년 최초로 한국에서 광산근로자들이 파독 된 이후에 "거의 50년이 흘렀다"고 했는데, 어느새 올해 2023년에는 파독 60주년을 맞게 된다. 20~30대의 젊은 나이로 이주했던 재독한인 1세대가 70~80대가 될 정도로 이민 역사가 길어지면서 1세 이민자들은 이미 노년층이 되었다.

이 글에서는 다음 두 가지 점에 주목한다. 첫째, 파독 간호사에 비해 파독 광산근로자에 관한 연구가 미진한 편이다. 간호사의 경우에는 은퇴 전까지 대부분 동일한 직업을 유지했지만, 광산근로자는 애초 광산에서의 계약만료 이후에 대부분 타업종으로 직업을 변화했다고 알려졌는데, 구체적으로 막장을 떠나 독일 사회에 어떻게 정착했는지에 대해 많은 심층적인 연구가 이루어지지는 않았다.

둘째, 한인 디아스포라의 점차적인 고령화에도 1세대 이민자들에 대한 이민 경험의 역사화와 노후 지원에 관한 연구와 정책적 관심

---

2   '글뤽 아우프(Glückauf)'는 광산근로자들의 인사말로, 독일어로 '행운을 빈다'는 뜻이다. (갱에 들어가는 광원에게) 무사 귀환을 비는 인사다.

파독 광산근로자의 삶과 글로벌 모빌리티

이 부족하다는 점에 주목한다. 북미와 유럽의 한인사회는 1세대가 점점 고령화되면서 점차 차세대 중심으로 세대교체가 이루어지거나, 혹은 한인사회의 축소를 경험하고 있다. 하지만 재외동포정책은 상대적으로 차세대에 편중되어 이들의 정체성과 민족교육, 그리고 모국과의 네트워크 형성에 중점을 두고 있으며 동포 1세대에 관한 관심과 정책은 절대적으로 부족한 편이다.

이러한 배경하에 이 글에서는 생애사적 접근(life history approach)을 취하여 파독 광산근로자 출신 재독한인을 대상으로 청중년기의 파독 동기, 독일 잔류 이유, 독일에서의 사회경제적 정착 과정과 현재 노년기의 생활실태에 관해 상호관계적 맥락에서 분석한다.

이 글의 구성은 다음과 같다. 첫째, '파독 근로자'와 '한인 디아스포라와 고령화'에 대한 선행문헌을 검토한다. 둘째, 연구에 활용된 주요 방법과 연구참여자를 소개한다. 셋째, 독일 현지 조사를 바탕으로 한 연구 결과를 토대로 파독 광산근로자의 이민 경험과 노후 실태에 대해 다각적으로 분석한다. 이를 통해 파독 광산근로자의 이주와 정착에 대한 이해를 고양하고, 재외한인 노령인구 관련 정책 제언의 기초 자료를 제공하고자 한다.

(1) 파독 근로자

기존 재외한인 관련 연구에서 지역·국가 간 연구성과의 편차가 종종 지적된다. 일반적으로 내국인은 재외동포들을 생각할 때 동북아 지역을 중심으로 중국과 일본, 미국, CIS 지역만을 재외동포로 인식하는 경향이 있으며 재외동포에 관한 연구도 대부분 이들 국가를 중심으로 이루어지고 있다(허성태·임영언, 2014). 이 글에서는 재외한인의 규모가 상대적으로 큰 미국, 일본, 중국에 비해 선행연구가 미진한 재유럽·재독한인에 관해 주목한다.

2021년 기준 유럽에는 전체 재외동포(7,325,143명)의 9.24%에 해당하는 677,156명의 한인이 거주하고 있다. 그리고 독일에는 47,428명의 한인이 거주하고 있으며, 거주 자격별로는 한국 국적의 재외국민(독일 영주권자, 일반체류자, 유학생 등)이 36,335명이고, 독일 시민권자가 11,093명이다.[3]

표 4.1 유럽·독일의 한인 현황 총계

(단위: 명)

구분	2015	2017	2019	2021
유럽	734,702	739,826	687,059	677,156
독일	39,047	40,170	44,864	47,428

출처: 외교부 https://www.mofa.go.kr/www/brd/m_4075/view.do?seq=368682(검색일: 2023. 3. 31)

표 4.2 거주 자격별 독일 거주 한인 통계

(단위: 명)

재외국민				외국국적동포 (시민권자)
영주권자	일반체류자	유학생	계	
10,550	19,310	6,475	36,335	11,093

출처: 외교부 https://www.mofa.go.kr/www/brd/m_4075/view.do?seq=368682(검색일: 2023. 3. 31)

재독한인 1세대는 파독 인력들이 주요 인적 토대를 이루었는데,

---

3 외교부: https://www.mofa.go.kr/www/brd/m_4075/view.do?seq=368682(검색일: 2023. 3. 31)

재독한인사회는 1960~1970년대에 광산근로자와 간호사로 파견되었다가 임기 만료 이후에 계약을 갱신하거나 전직을 통해 독일에 영주함으로써 본격적으로 형성되었다. 그 이전에도 유학이나 정치, 경제, 종교적인 이유로 독일로 건너온 이들이 있었지만, 아주 극소수로 사회를 이룰 만한 규모는 되지 못했다(나혜심, 2012).

한국 정부는 1963~1977년 광산근로자 7,936명을, 1966~1976년까지 간호사 10,723명을 독일에 파견했다(재독동포50년사편찬위원회, 2015). 독일에서 계약이 만료된 이후에 40%는 한국으로 귀환했지만, 20%는 제3국으로 이주했고, 40%는 독일에 잔류했다. 그 결과 파독근로자들의 거주지 분포는 한국을 비롯하여 독일, 프랑스, 미국, 캐나다, 호주 등으로 다양화되었다. 하지만 파독 광산근로자 이주사에서 독일이 1차 해외 근무지이자 거주국이었고, 유럽 한인사회 형성의 원조가 되었다는 점에서 재독한인의 역사성과 중요성이 매우 크다.

1976년 이후 한국에서 독일로의 노동이주가 중단되었고,[4] 독일 정부는 2005년에 다시 노동이주를 허용했다. 그 사이에는 주로 유학생이나 상사원과 그 가족이 한인사회의 새로운 구성원이 되었고, 특별한 경우가 아니면 독일 이주가 원칙적으로 불가능했다(국사편찬위원회, 2012).

---

4 제2차 세계대전 이후 경제부흥을 도모하던 1950~1960년대 독일의 이민정책은 인력 수요를 충당하기 위해 초청근로자(Gastarbeitnehmer) 이름으로 외국인력을 받아들이기는 하되 로테이션 원칙에 근거하여 한시적 체류만을 허용하는 제한적인 형태였다. 이와 같은 정책은 1973년 석유위기 파동으로 인해 외국인 인력에 대한 모집 중단 조치가 내려질 때까지 유지되었다. 1970년대 독일의 이민은 가족이민이 유일하게 허용되는 이민 형태였다. 즉, 이전에 독일에 유입된 외국인 근로자의 배우자 및 자녀의 이민이 주로 나타난 시기였다고 할 수 있다. 이와 같은 가족이민은 1980~1990년까지 지속적으로 이루어졌다(이규용 외, 2015).

독일에 잔류한 광산근로자들은 한인 간호사와의 결혼, 혹은 직장 등의 이유로 근무하던 광산이 있던 지역을 떠나 독일 내에서 재이주하기도 했고 소수는 계속 광산에서 일했지만, 대부분은 광산을 나와서 타 직종으로 전환했다.

파독 인력에 관한 선행연구와 자료로는 인력 송출의 역사와 정치, 경제, 사회문화적 성과에 대한 분석의 결과물, 파독 인력의 현지적응과 사회의식을 비롯한 일상생활에 대한 연구, 파독 인력에 의해 생산된 자전적 기록물과 관련 단체의 자료집, 그리고 파독 인력에 관한 언론 기사 및 영상기록물들이 포함된다(박경용, 2018).

파독 근로자 관련 기존 연구에서는 독일행의 계기, 독일 내의 노동환경과 적응 문제, 문화적인 혼성 문제, 단체결성에 관한 문제를 다루고 있고, 파독 광산근로자와 간호사의 삶을 바탕으로 한 문학작품을 분석한 연구도 있다(이희영, 2005; 이수자, 2006; 김용찬, 2007; 양영자, 2012; 유진영, 2014; 윤용선, 2014; 김환기, 2019). 또한, 이영석·박재홍(2006)은 남해군의 '독일마을'에 입주한 노동이주자들의 역이주와 귀향 의식을 혼합방법에 입각해 분석했다.

파독 인력 관련 기존 연구의 특징 중 하나가 간호사 관련 연구가 상대적으로 많으며 광산근로자와 간호사 양 집단을 포괄적으로 다룬 연구가 많다는 점인데, 파독 광산근로자에만 집중한 연구로는 생애사를 중심으로 내러티브 정체성을 분석하거나(양영자, 2013 & 2015), 혹은 독일 사료를 활용하여 당시 독일경제에서 파독 인력의 완충노동력으로서의 긍정적 역할에 관해 조명하고 있다(이용일, 2014). 양영자(2013)는 재독한인 노동이주 남성의 생애사를 관통하는 젠더 정체성은 '직업생활을 중시한 개인으로서의 남성' 정체성이었는데, 이러한 정체성은 이주와 직업 경험에 따라 재생산되기도 하고 '생계와 가사를 분담하거나 전담하는 남편으로서의 남성' 정체성과도 결합하는 방식으로 분화되기도 했다. 또한 양영자(2015)에 따르면 파독 광산근로자 재독 한인의 정체성에서 '한인 단체 리더나 멤버', '교육가', '유능한 여성의 지아비' 혹은 '초국적 사업가'로서의 정체성이 비중 있게 논의되고 있 었다. 그리고 이용일(2014)은 한국인 광산근로자들이 독일 광산업계와 지역경제에 미친 긍정적인 영향에 대해 밝히고 있다. 독일 광산산업이 1950년대 이후 사양화에 접어들며 1980년대 초까지 구조개혁을 감행 하고 있었는데, 다수의 독일인 혹은 외국인 노동자들이 탄광을 떠나 이직하는 경우에도 한국인 광산노동자들은 폐광으로 인해 생길 수 있 는 사회적 여파를 감소시키는 '완충노동력' 역할을 했다고 한다.

광산근로자 스스로에 의한 이주사와 경험에 대한 역사화가 몇 차 례 시도되기도 했는데, 재독한인이나 파독 광산근로자 모임에 의해 발 간된 『파독광부 30년사』(1997), 『파독광부 45년사』(2009), 『파독광부 백서』(2009), 『재독동포 50년사: 1963-2013』(2015)과 『파독 50년사: 광 부·간호사·간호조무사』(2017) 등의 출판물이 있다.

파독 인력의 한국경제와 재외한인사회 기여에 대한 논의도 있 었다. 진실·화해를위한과거사정리위원회(진실화해위)는 파독 인력이 1965~1975년 약 10년간 고국에 송금한 액수가 총 1억 153만 달러에 달한다고 집계했다. 이는 연평균 1천만 달러가 넘는 액수로 당시 총수 출액 대비 1.6~1.8%에 해당한다고 설명했다. 파독 인력이 임금의 일 부를 고국으로 송금함으로써 한국 경제발전에 기여했으며, 또한 독일 에서 제3국으로 진출하여 재외한인사회의 형성과 발전에 기여했다고 규명한다(김학선 외, 2011; 이영석, 2014; 재독동포50년사편찬위원회, 2015). 박재 영(2013)은 "파독 인력은 개인적으로 더 나은 경제적 기회를 추구했지 만, 국가경제 차원에서 경제발전 초기의 외화수입 및 외자조달에 기여한 바 컸으며 한편으로는 독일경제와 한국 간의 교류와 협력에 기여했다"고 평가한다.

이 글에서는 파독 광산근로자에 대한 생애사적 접근을 취하여 독일에서 청중년기의 이주와 정착 경험을 국제적 이주 맥락뿐 아니라 독일 정부의 이민정책, 노동시장에서의 기회, 사회경제구조의 맥락에서 살펴본다. 무엇보다 이러한 청중년기의 사회경제적 경험이 현재 노년의 삶에 어떠한 영향을 미치는지에 대해 상호관계적으로 고찰한다.

(2) 한인 디아스포라와 고령화

이주(migration)가 청장년층에서 빈번히 발생하고 젊은 연령층과 연계된 행위로 간주되기 쉽기 때문에 노인 이주자들에 관한 심도 있는 학문적 연구나 정책과 복지서비스에 관한 관심은 전반적으로 미흡한 편이다(Hatzidimitriadou, 2010). 블레이크모어(Blakemore, 1999)는 미국의 경우 미국 내 이민자들의 적응과정에 관한 지속적인 연구가 선행되어 왔음에도 급격히 증가하고 있는 노년층 이민자에 대해 사회정책 입안자 및 학자들은 큰 관심을 보이지 않고 있다고 지적한다. 이는 보편적 이민자들의 상대적인 저(低)연령 현상으로 인해 이민자 집단에 관한 대부분 선행연구의 주 연구대상이 상대적으로 저연령 이민자들에 국한되어왔음에 기인한다(손신 외, 2007).

유사한 맥락에서 국내에서는 성공적 노후에 대한 논의가 활발하게 진행되고 있으나 재외한인의 노후 문제에 관한 연구는 부족한 상황이다. 그나마 이루어진 재외한인 노인 인구에 관한 기존 연구는 지역별로 이루어졌는데, 일본의 경우 재일한인 고령자의 복지와 지역 운동, 재일한인 고령자 대상의 사회보장과 케어 지원활동에 관한 연구 (이종구, 2003; 조문기·장세철, 2013)가 있다. 이종구(2003)에 따르면 재일한 인 고령자들이 일본인을 기준으로 만들어진 사회복지제도를 충분하 게 이용하지 못하고 있으며, 더욱이 핵가족화와 집단거주지역의 해 체가 진행되고 있어 재일한인 고령자들은 사회관계에서도 고립되고 있다. 따라서 사회복지제도의 이용을 지원하고 문화적·정서적 요구 를 충족시켜 고립감을 해소할 수 있도록 공동성에 기반을 둔 재일한 인 고령자 조직이 필요하게 되었다고 강조한다. 또한, 조문기·장세철 (2013)은 일본에서 장기간 체류하는 재일한인 고령자에 대한 노인 복 지시설 연구가 미비한 실정이라고 지적한다. 또한, 재일한인 고령자의 케어 지원에 관한 문제로 언어 문제, 문화의 차이, 경제적 기반의 약 화, 자립 지원 미비 등의 문제가 언급되어왔다고 한다.

　재미한인의 경우 미국의 뉴욕과 로스앤젤레스 지역 거주 한인 노 년층의 정신건강 및 심리적 안녕감에 영향을 미치는 문화적응 과정 상의 요인을 탐색한 연구가 있다(손신 외, 2007; 김범중·이홍직, 2010). 또 한, 박우서·조문석(2010)은 재미한인 노인들의 노인복지서비스의 인 지 및 이용수준에 관해 조사한 바 있다. 손신 외(2007)는 뉴욕시에 거 주하고 있는 한인 노년층을 대상으로 설문조사를 하여 심리적 안녕감 에 영향을 미치는 문화적응 과정상의 요인들에 관해 살펴보았다. 연 령, 미국 거주 기간, 신체적 질병, 효사상, 사회활동 참여가 고려되었고 연구 결과를 바탕으로 노인복지의 함의를 논했다. 뉴욕시 거주 한인 노인들의 심리적 안녕감은 한국의 노인들에 비해 높은 수치를 보이고 있었는데, 이는 뉴욕시에 형성된 대규모 한인 밀집 지역(ethnic enclave) 이 사회지원자원으로서 한인 노인들의 미국문화 적응상의 스트레스 를 경감시키는 주요 변인으로 작용할 수 있다고 한다(손신 외, 2007). 그리고 김범중·이홍직(2010)은 재미한인 노인의 정신건강에 영향을 미치는 요인을 개인 특성, 가족 특성, 인적자본 등의 인구사회학적 특성과 규범, 신뢰, 집단 내 협력, 정보공유, 지역사회 참여 요인 등의 사회자본 특성을 통해 탐색했다. 박우서·조문석(2010)은 로스앤젤레스 지역 한인 노인들을 중심으로 지방정부가 담당하는 노인복지서비스의 인지 및 이용수준에 미치는 영향을 분석했으며 이를 위해 로스앤젤레스 지역 한인 노인을 대상으로 설문조사를 했다. 분석 결과 경제수준이 높은 노인들과 건강 상태가 양호한 노인들의 복지서비스 인지 및 수혜 수준이 높은 것으로 나타났다. 또한, 가족 및 친척들의 도움 같은 사회적 관계도 복지서비스 인지 및 수혜 수준에 긍정적인 영향을 미치는 것으로 분석되었다.

재독한인 1세대의 경우에는 파독 간호사 출신을 대상으로 은퇴 준비 등 나이 듦의 과정과 의미를 파악하거나 독일 남성과 결혼한 파독 여성의 생활 경험에 관한 현상학적 연구가 있다(김학선 외, 2011; 서문진희, 2015). 김학선 외(2011)는 파독 간호사들의 노년 삶을 심층 면담하여 언어와 문화가 다른 해외에 취업한 간호사들의 나이 듦이 어떤 의미를 갖는지, 정년이나 은퇴와 관련하여 실제로 어떻게 준비하고 있으며 어떤 어려움이 있는지, 그러한 어려움을 어떻게 극복해나가고 있는지 등을 파악했다. 자료 분석을 통해 도출된 독일 거주 간호사들의 나이 듦의 경험은 '찾아온 노년: 송금해버린 청춘', '노년과의 만남: 이방인', '받아들임의 노년: 가슴에 묻는 고향'의 과정으로 분석되었다. 노년의 파독 간호사들은 독일에서도 한국에서도 스스로 이방인이 될 수밖에 없다고 느끼고 있었다. 한편, 연금을 일시불로 받아 한국의 가족들이 집을 사고 사업을 하도록 도왔기 때문에 현재 독일에서는 최저생활비로 생활하는 어려운 처지에 놓인 사람도 있다고 한다. 서문진

파독 광신근로자의 삶과 글로벌 모빌리티

희(2015)는 1960~1970년대 간호 인력으로 독일에 건너가 독일 남성과 결혼하여 정착한 한인 여성들의 생활 경험을 분석했다. 분석 결과 생활 경험의 구성요소는 '돈, 일, 꿈을 찾아서', '손님노동자로 살아감', '달콤하지만 너무나 쓴 결혼이주자의 삶', '두 문화 사이의 초이민자', '몸은 독일에, 마음은 여전히 한국에' 등 5개로 범주화되었다. 연구를 통해 도출된 대주제는 '두 개의 마음을 가지고 그리움의 종착역을 찾아가는 여정'이었다.

하지만 전반적으로 재외한인 노령층은 차세대에 비해 학문적으로나 정책적 관심에서 소외되어 있고, 노후의 삶에 관해서도 파독 간호사에 비해 파독 광산근로자에 관한 연구는 미진하다. 또한, 재외동포정책은 상대적으로 차세대에 편중되어 있으며 1세대에 관한 관심과 정책은 절대적으로 부족한 편이다. 이에 파독 광산근로자 출신을 매개로 독일 거주 한인의 사례를 통해 고령화되고 있는 한인 디아스포라의 노후 생활에 관해 조사하고 정책 개발의 기초 자료를 제공하고자 한다.

(3) 재독 파독 광산근로자 면담자의 특징

이 글의 연구대상은 1960~1970년대 광산근로자 신분으로 독일로 노동이주를 했다가 계약만료 이후 한국으로 귀환하지 않고 독일에 잔류한 재외한인을 대상으로 한다. 연구 방법으로는 기존 연구에 대한 문헌분석, 현지에서의 설문조사 및 심층면담 방법을 취했다. 역사적 사료, 통계자료, 신문 기사, 이민사회 기록물을 활용했다. 그리고 연구의 가장 주요한 방법으로 질적 면접을 채택했는데, 이 방법은 파독 광산근로자의 이주와 정착에 대한 복잡한 과정의 심도 있는 이해를 목표로 했다.

2020년 1월부터 2월 사이에 파독 인력의 초기 근무지인 광산이 집중적으로 위치해 있던 중부의 뒤셀도르프, 에센, 캄프린트포르트와 현재 대표적인 한인사회가 형성되어 있는 북부의 함부르크를 방문하여 35명의 파독 광산근로자 출신 재독한인을 대상으로 면담을 실시했다. 면담자 모집은 현지 한인교회와 성당을 비롯한 한인 단체와 기관('파독산업전사세계총연합회', '재독한인글뤽아우프회' 등), 그리고 연구자의 지인을 통해 소개를 받았고, 초기 면담자가 다른 면담자를 소개하는 '눈덩이 표집법'을 활용했다. 면담 시에는 파독 광산근로자의 독일로의 이주 동기, 직업 변화, 사회적응 과정, 재독 한인사회에 대한 기여, 현재 노후 생활에 초점을 두어 질의했다. 한국으로 귀환하지 않고 계속적인 독일 체류를 결심한 동기와 조건, 초기 근무지에서 독일 내 전국적으로 확산되는 과정에 영향을 준 요인들에 관해서도 조사했다. 또한, 1963년부터 1977년까지 독일 광산으로 파견이 이루어졌으므로 이제 파독 인력은 노년 세대에 속하며, 사회적 지원이나 보호에 관한 조사가 필요하다는 판단하에 면담자의 노후의 주 소득원(연금, 사회보장, 임대료 수입 등), 주거환경, 가족생활, 사회활동에 관해 질의했다. 은퇴로 인한 사회적 소외나 경제적 문제는 없는지 파악하고 지원 방안을 강구하고자 했다. 독일 정부 차원의 노인 사회복지서비스 현황, 현지 한국영사관이나 한인회 같은 동포사회단체를 통한 노인복지 사업이나 한인노인 지원 프로그램에 관해 조사했다.

연구참여자는 총 35명의 남성으로 연령 면에서는 면담 당시 60대 후반에서 80대 초·중반에 속했는데, 60대 5명, 70대 26명, 80대 4명이었다. 고향은 전국 각지 출신이었으며 한국에서의 최종 학력은 대졸

4명, 대학 중퇴 2명, 고졸 24명, 중졸 3명, 국졸 1명, 무학 1명이었다. 단 1명만 한국에서 광원으로 근로한 경험이 있었고 다른 면담자들의 한국에서의 직업은 사무직 혹은 기술직으로 일했거나 자영업 사업주 등으로 다양했는데, 당시의 높은 실업률을 반영하듯이 실업 상태에 있었던 면담자도 일부 있었다.

한국에서 독일로의 파독 시기는 1960년대 3명, 1970년대가 32명이었는데 이 중 1977년에 파독 된 면담자들이 13명(약 37.1%)이었다. 파독 당시에 기혼자는 9명이었고 26명은 미혼이었다. 이 글에서 언급되는 연구참여자의 이름은 사생활 보호를 위해 가명으로 처리되었음을 밝힌다. 이 연구에 참여한 파독 광산근로자 출신의 기본 특성은 〈표 4.3〉에 정리되어 있다.

표 4.3 재독 파독 광산근로자 면담자 정보

순서	성명	출생 연도	고향	최종 학력	한국에서의 직업	파독 연도	(광산근무 외) 독일에서의 직업
1	최후진	1939	영천	고졸	회사원	1977	병원 근무, 자영업
2	이종빈	1952	구례	고졸	사무원	1976	자동차회사 근무
3	조홍주	1952	화순	고졸	자동차정비사	1977	자동차회사 근무
4	이덕희	1934	무안	대졸	법원 서기	1964	식당업, 식품점 경영
5	박현석	1954	화순	고졸	건축사	1977	철강회사 근무, 항공사 대리점, 호텔 경영
6	이동진	1945	충주	국졸	회사원	1974	전력회사 근무
7	오화대	1945	충청도	고졸	무직	1971	자영업
8	신광석	1947	함평	고졸	광산근로자	1977	철강회사 근무
9	순지원	1948	영덕	고졸	병원 근무	1977	식당업
10	이창기	1948	무안	고졸	무직	1971	라디에이터공장 근무
11	백민준	1945	전북	고졸	회사원	1971	병원 근무, 식당 경영
12	구인식	1943	서울	대졸	기계기사	1970	자동차회사 근무
13	홍원석	1943	전주	고졸	회사원	1977	육류가공공장 근무
14	정기호	1950	광주	고졸	무직	1977	철강회사 근무, 자영업
15	구미호	1946	청양	중졸	대학 직원	1977	광산에서 정년퇴직
16	정운식	1941	광주	대학 중퇴	학생	1964	광산에서 정년퇴직
17	윤병석	1945	하남	고졸	무직	1977	광산에서 정년퇴직
18	임주영	1948	순창	무학	상업	1977	광산에서 정년퇴직

파독 광산근로자의 삶과 글로벌 모빌리티

순서	성명	출생 연도	고향	최종 학력	한국에서의 직업	파독 연도	(광산근무 외) 독일에서의 직업
19	손경식	1950	영광	고졸	광고회사	1977	편의점 경영
20	오진태	1952	나주	중졸	전파사 경영	1977	광산에서 정년퇴직, 식품공장 전기관리사
21	민동식	1946	전주	고졸	그릇 판매	1974	식품수입도, 마트 경영
22	송정일	1945	광주	고졸	무직	1970	제약회사 근무
23	김기영	1941	광주	고졸	택시 사업	1971	철강회사 근무, 편의점 운영
24	차상철	1945	임실	고졸	회사원	1974	전기회사 근무
25	김경후	1953	담양	중졸	디자인	1977	맥주제조회사 근무
26	황용식	1944	부산	대졸	태권도 사범	1970	태권도 사범
27	박찬영	1937	경산	고졸	회사원	1965	병원 근무
28	안지호	1946	경산	고졸	무직	1971	병원 근무, 시청 관할 공원관리국 근무
29	김용진	1949	서울	고졸	회사원	1974	식당 경영
30	최완호	1941	대전	대졸	개인사업	1970	병원 근무, KOTRA 현지 직원, 선물 가게 경영
31	한세준	1947	부여	고졸	무직	1974	병원 근무, 선물 가게/식당 경영
32	김한윤	1935	부산	대학 중퇴	무직	1963	비행기 정비사
33	김동현	1945	창원	고졸	직장생활	1970	병원 근무, 물리치료사
34	이현철	1950	익산	고졸	세름선수	1970	중장비공장 근무, 식당 경영
35	허영식	1945	상주	고졸	직장생활	1970	병원 근무

주 1) 독일에서의 직업'은 초기 광산에서 근무한 이후의 직업에 관한 정보인데, 타 직업에 대한 경험 없이 계속 광산에서만 근무한 후 정년퇴직한 연구참여자의 경우에는 광산에서 정년퇴직'으로 명시했음.

주 2) 독일에서의 직업'에서 '병원 근무'는 전직 파독 광산근로자들이 주로 간호(조무)사로 근무한 경우를 지칭함.

2
파독 광산근로자의
독일 이주 경험

　당시 파독 취업은 국내의 높은 실업률과 국내에 비해 월등히 높은 임금으로 커다란 인기가 있어 일종의 특권으로 간주되었으며 일부 대졸자들도 지원했다(노명환 외, 2014). 파독 광산근로자, 간호사 공모는 높은 경쟁률을 나타냈다. 최초의 광산근로자 모집은 독일파견광부선발위원회가 1963년 8월 13일 전국에서 실시했는데, 총 2,895명이 응모해 무려 15 : 1의 경쟁률을 뚫고 194명이 최종선발되었다(윤용선, 2014).

　독일 이주의 동기에서 일부 면담자는 외국에서의 교육 기회를 찾거나 해외여행을 하기 위해 파독을 지원했다고 했지만, 대부분은 경제적인 사유가 중요했다고 술회했다. 파독 광산근로자의 특징 중 하나는 월남파병 경험이 있는 사람들이 다수 포함되었다는 것인데, 면담자의 약 11.4%도 월남전에 참전한 후에 다시 파독을 지원했다. 당시 파독외에는 해외로의 출국이 극히 어려웠던 상황에서 월남 참전을 통해 이미 외국 경험을 한 한인은 다시 파독을 통해 해외로 나왔다고 한다.

> "1966년 월남 갔었고 1970년에 독일로 왔어요. 월남 가서 외국 경험하니까 또 외국을 나가고 싶었던 것 같아요." (김동현, 1945년생)

또한, 연구참여자들이 독일에서 3년간의 계약만료 이후에 한국으로 귀환하지 않고 독일에 잔류한 이유로는 그동안 송금으로 인한 자본 축적의 어려움, 귀국 후 모국에서의 경제적 불투명, 간호사와의 결혼을 통한 현지 정착, 독일에서 취업 문제가 해결되어 공부를 더 하기 위해 등이었다. 애초에 한국에서 독일로 최초 이주할 때와 유사한 맥락에서 모국에서의 제한된 경제적 기회를 독일에서의 체류 연장을 통해 벗어나고자 했다.

> "처음에 독일 올 때 계획했던 바와 달라서 한국으로 갈 수가 없었습니다. 독일에서 일을 하면 한국에서 집 한 채 정도는 살 수 있고 그렇게 이제 삶의 기반이 마련될 줄 알았습니다. 막상 3년 마쳤는데 모은 돈이 많지가 않았습니다." (임주영, 1948년생)

> "3년 끝나고 한국으로 갈 수가 없었습니다. 왜냐면 제가 돈이 없었으니까요. 한국으로 다 송금을 했기 때문에 돈이 없었습니다. 돈이 없으니까 한국을 가도 마찬가지라는 생각을 했습니다. 남아 있기 위해서는 결혼을 해야 했습니다." (허영식, 1945년생)

면담자의 일부는 미국, 캐나다 혹은 다른 유럽국가로의 2차 이주를 시도하기도 했지만, 제3국으로의 이민 절차상의 어려움, 독일에서의 새로운 취업 기회로 인해 독일에 남게 되었다고 한다.

"1977년 3월 결혼한 후에 캐나다 광산으로 이주 신청을 해서 1차 합격을 했는데, 석 달 후에 일방적으로 해약 통고가 와서 못 갔어요." (김용진, 1949년생)

"1977~1980년까지 뒤렌(Düren) 광산에 있었어요. 1980년에 결혼했고 그 이후에 스위스로 가려고 했는데 부부가 둘 다 직장을 옮기면 가정 경제에 안정이 없는데, 그래도 와이프가 뒤셀도르프 병원에서 일을 하고 고정적으로 수입이 있으니까 제가 뒤셀도르프로 왔어요. 뒤셀도르프에 직장도 많고 그리고 큰 회사도 많았어요. 옛날에 3대 철강회사가 이 근처에 다 있었습니다. 자동차회사도 있고 직장이 많았어요. 독일의 삶의 조건이 좋아서 독일에 남았습니다." (박현석, 1954년생)

"다른 나라로 다시 가게 되면 독일 처음 왔을 때처럼 다시 고생을 해야 하니까 안 갔어요. 외국에 가서 새로 시작한다는 것이 좋은 것이 아니에요." (김한용, 1935년생)

초기에 광산근로자들은 3년 계약만료 이후 체류허가가 연장되지 않았던 것과 달리 간호사의 경우 독일 병원의 요청에 의한 계약기간 연장으로 독일에 장기간 체류할 수 있었다. 독일에 남은 재독한인 광산노동자들은 대부분 고용과 체류 조건에서 상대적으로 우위성을 확보한 한인 간호사들과 결혼하여 정주했거나, 1978년 개정된 독일의 외국인법 시행령이 마련되고 1980년 무기한 체류나 영주권 취득이 허용됨에 따라 정착 기회를 갖게 된 1977년 마지막으로 독일에 이주한 경우였다(박재영, 2013; 양영자, 2015). 파독 광산근로자와 간호사의 체류로 독일 내 한국인 수가 증가했으며, 이는 곧 한인공동체의 발전을 가져왔다.

글로벌 층위에서 파독 광산근로자의 파독 시기별 지역적 분포에 대해서도 분석이 가능하다. 1960년대 초기에 파독 되었던 부류에 비해 독일에 합법적으로 잔류할 수 있는 길이 열렸던 1970년대 말 독일에 왔던 광산근로자들이 독일에 계속 남게 된 경우가 많았다. 북미 지역에 주로 1960년대 1차로 파독 되었던 광산근로자들이 많이 재이주했다면(배진숙, 2019a, 2019b & 2021) 독일에는 후발로 갔던 1970년대 파독 인력들이 독일에 뿌리를 내린 경우가 많았고 면담자 중에도 1970년대 파독 된 경우가 약 91.4%를 차지했다.

광산근로자들은 광산이 산재해 있던 독일 중부 지역 노르트라인 베스트팔렌(North Rhine-Westphalia)주에 집중해 있었으나 앞선 박현석의 경우에서처럼 계약종료 후 다수가 광산을 떠나 배우자의 체류 및 법적·직업적 안정을 고려하여 배우자의 근무지(병원)가 있는 독일 각 지역으로 분산되었고, 이로 인해 재독한인사회가 독일 전역으로 확대되었다.

그런데 한국으로의 귀국 결정에 대한 고민은 이주 초기에만 해당하는 사안은 아니었고 생애주기를 통해 계속되기도 했다. 일부 면담자는 광산근무가 끝나고 이직하여 독일에서 결혼을 통해 가족을 형성한 후에도 오랫동안 "독일에서 어느 정도 돈을 번 후에는 한국에 돌아갈 계획이었다"라고 했다. 하지만 의료제도 등을 비롯하여 사회보장제도가 상당히 잘되어 있고, 무엇보다 자녀들이 성장함에 따라 자녀 양육과 교육 문제 때문에 계속 체류하게 되었다고 한다.

"한국을 들어가지 않은 이유 중 하나는 결혼을 하고 자녀가 생기면서 자녀교육 문제 때문에 한국을 들어가지 못했습니다. 학비 부담이 없으니까요. 독일에는 굉장히 교육 시스템이 잘되어 있습니다. 독일은 균등화가 되어 있고 초등학교에서 대학교까지 학비가 무료였어요. 우리 한국인들은 자녀를 다 대학을 보냈어요. 독일인들 중에는 30% 정도가 대학을 진학했어요. 독일인들은 할아버지가 광부면 아버지가 광부이고 본인이 광부였지만, 한국 이민자들은 자녀들을 95% 이상 대학을 보냈습니다." (김용진, 1949년생)

3
파독 광산근로자의
사회경제적 적응

재외한인은 거주국 내의 소수민족이기 때문에 거주국의 사회, 문화는 물론 정치, 경제와 민족 관계에 이르기까지 현지 사회의 다방면적인 요인에 영향을 받는다. 재외한인은 다양한 정치경제 체계에서 다양한 형태의 적응을 시도해왔다.

파독 간호사의 경우에는 대부분 퇴직 전까지 동일한 직업을 유지했지만, 광산근로자는 애초 광산에서의 계약만료 이후에 대부분 타업종으로 직업을 변경했다고 알려졌는데, 구체적으로 독일 사회에 어떻게 사회경제적으로 정착했는지에 대해 많은 연구가 이루어지지는 않았다. 본 연구의 현지 조사 결과에 따르면 파독 광산근로자의 직업변천과 관련하여 다음과 같은 특징이 나타났다.

첫째, 파독 광산근로자 중 소수는 초기 계약만료 이후에도 계속 광부직을 유지했다. 면담자들이 광산에서 근무한 기간은 대부분 3년이었고, 연장하여 5~10년까지 근무한 면담자가 5명이었으며, 거의 평생(20년 이상)을 캄프린트포르트 광산지역에서 근무하다가 퇴직한 연구참여자가 5명(약 14.2%)이었다.

> "파독 인력 중에서 50~60명은 계속 거의 평생을 광산에서 일했어요. 광산근로자들은 51세가 되면 독일 정부가 연금으로 들어가게 해줬어요. 25년 이상 근무하면 일찍 연금으로 들어가게 했어요." (박현석, 1954년생)

뒤셀도르프에 근접한 소도시인 캄프린트포르트는 광업의 부흥으로 형성된 전형적인 광산도시였다. 한국뿐 아니라 터키, 유고슬라비아 출신의 이주노동자가 많았는데, 광업이 활성화되었던 1970년대에는 캄프린트포르트에 한국인 광산근로자가 500여 명에 달했지만, 광업의 쇠락과 함께 1980년대에 300여 가구로 축소되었고 1998년경에는 이 지역 광산에서 한국인 광산근로자가 30여 명 현직에서 근무하고 있었다(한국파독광부총연합회, 2009). 면담자 구민호에 따르면 현재 캄프린트포르트에 거주하는 한국인은 30가구 정도라고 한다.

> "여기(캄프린트포르트)가 오리지날 광산촌이에요. 살아있는 역사 지역이에요. 인구가 4만 5천 정도인데, 대형마트가 20곳이 넘게 있어요. 광산도시이자 소비도시였어요. 터키 사람, 유고 사람들도 많았고, 1977년에는 한국 사람들도 500명 정도가 기숙사에 있었어요. 시내 가운데에 광산이 있었고, 신종 기계가 들어와서 독일에서도 모범적인 광산이었어요. 지금은 광산이 없어지고 공원을 만들어서 꽃박람회도 하고 있어요. 한인교회도 2개 있다가 없어졌어요. 지금은 한국인은 30가정 정도 있어요." (구민호, 1946년생)

그림 4.4 캄프린트포르트의 파독 광산근로자들

둘째, 면담자 대부분은 광산에서 3년여 근무가 끝난 후에 직업학교를 통해 기술 자격증을 획득하거나 이직하여 독일 회사에 취업했다. 독일 이민 1세 중에도 소수는 독일에서 대학 공부를 마치고 의사나 변호사, 통·번역사, 설계사 등 전문 직종을 가졌지만(한·유럽연구회, 2003), 다수가 독일의 노동자층으로 편입되었다. 파독 광산근로자들의 근무지로는 제철공장(마네스만), 자동차공장(오펠), 전력회사, 제약회사 등이 있었다. 일부 면담자는 광산 근무 후에 병원에서 일하기도 했다.

> "광산 마치고 할 일은 없고, 다른 경험도 없어서, 독일 간호사 학교를 나왔어요. 3년간 나와서 병원에서 일하다가 다시 마취 간호학과 2년 동안 공부해서 일을 하다가 은퇴했어요." (허영식, 1945년생)

셋째, 일부 파독 광산근로자 출신은 자영업에 종사했는데, 면담자 중 42.8%가 개인사업체를 운영한 경험이 있었다. 면담자들이 관여한 자영업종으로는 요식업, 여행사 등이 있고, 태권도장, 식품업(도매,

소매), 물리치료업, 호텔 숙박업은 아직도 운영 중이었다. 면담자 송치원은 광산에서 근무하다가 자영업을 시작하게 된 동기에 대해 다음과 같이 술회했다.

> "1977년에 결혼하고 바로 독일로 왔어요. 딘스라켄(Dinslaken) 광산으로 왔고 거기서 5년 근무했어요. 광산에서 제가 성실하고 하니까 2년 연장을 해줬어요. 부인은 한국에서 나중에 초청했어요. 1980년부터 여기 독일의 광산이 폐광하려고 하니까 정말 월급이 너무 적었습니다. 일주일에 3일 정도 일을 했는데 애들을 데리고 살려니까 너무 힘들었습니다. 그래서 뭐라도 하자 해서 식당을 시작했습니다. 4년 동안 간이식당을 해서 돈을 좀 벌었습니다. 그래서 그다음에 큰 레스토랑을 냈습니다. 20년 했어요. 한국분이 하던 것인데 우리가 인수했어요." (송치원, 1948년생)

독일에서 자영업자가 전체 고용에서 차지하는 비중은 10.5%로 한국에서의 자영업자 비율인 21.5%에 비해 높지 않다(노화봉·정남기, 2017). 연구참여자들은 독일의 세금제도와 사회경제적인 요인으로 인해 독일에서 사업하기가 수월하지는 않았다는 점을 지적했다.

> "40년 전에는 국적 없이는 장사를 못 했어요. 특히 80년대 중반 이전에 자영업에 종사한 한국 사람이 적었어요. 전 지금 개인사업을 하고 있는데 세금을 48% 내고 있어요." (박현석, 1954년생)

김기선(2016)은 독일에서 이주민의 자영업 비율은 다른 OECD 국가들에 비해 낮은 편인데, 이처럼 자영업 비율이 낮은 이유는 외국인의 자영업 활동이 소위 통합적인 거주자(최소 5년 거주자)에게만 한정적으로 허용되었기 때문이라고 지적한다. 한·유럽연구회(2003)는 부족한 자본력, 불충분한 교육 및 직업훈련, 언어 장애, 경험 부족, 문화적 이질감 등으로 다수의 재독한인 자영업이 큰 규모로 부흥하지는 못했다고 한다. 독일인과의 접촉이 거의 없었던 한국인 남성 광산근로자들의 경우 독일어는 물론 독일문화 및 독일인의 사고방식 등을 제대로 접하고 배울 기회가 거의 없었다고 한다.

재미한인의 경우에는 한인 혹은 다민족 대상의 사업으로 자영업 업종 구분이 가능하다. 하지만 독일에서는 미국과 비견해서 한인의 규모가 크지 않기 때문에 에스닉 경제를 바탕으로 경제적 부흥을 꾀하거나 업종의 다양화가 이루어졌다기보다는 자영업을 하더라도 한인 상대가 아닌 전체 아시아계(베트남, 중국계 등) 혹은 일반 독일인을 주 타깃으로 한 경우가 많았다. 아시아 식품마트를 경영하고 있는 손경식은 다음과 같이 회고했다.

> "1980년에 방콕을 방문했고 그때 태국 음식을 수입하기 시작했어요. 다른 것은 하기가 힘들었어요. 식품 사업을 하고 있는데 베트남 난민들이 독일에 왔는데 그때부터 사업이 잘되기 시작했어요. 태국 음식이랑 베트남 음식이 비슷했어요. 독일에는 독일 식품은 많은데 베트남 음식은 없었어요. 우리도 처음에 왔을 때 고추장이 없어서 힘들었어요. 손님이 지금은 5~10%가 한인, 70%가 독일 사람들이에요." (손경식, 1950년생)

또한, 코리아타운이 부재함에 따라 코리아타운을 중심으로 한 경제·정치·문화적 활동 또한 부재했고, 한인은 상업 거주 집거지를 형성하는 대신 직장에 따라 독일 전역에 산재하며 독일 병원이나 회사에서 근무한 사례가 가장 빈번했다.

독일 내 코리아타운은 부재했지만, 한인 중심의 종교기관(교회, 성당)과 많은 단체 조직의 활동을 통해 한국의 민족적 문화와 유대를 유지 및 강화해왔다. 면담자들은 재독 파독 광산근로자들의 친목단체인 사단법인 재독한인글뤽아우프회[5]뿐 아니라 재독한인총연합회, 지역 한인회, 향우회, 재독한국문인회, 체육회, 한글학교 등을 통해 재독한인사회의 결속을 다지고 한국문화를 독일 주류사회에 알리는 역할을 했다는 점에서 자부심을 느끼고 있었다. 유럽 지역의 태권도 보급에도 파독 광산근로자들이 많은 기여를 했다.

"파독 된 사람들이 독일 한인사회의 초석을 다지고 글뤽아우프회뿐 아니라 한인회, 한글학교 등 다양한 단체를 통해 한인사회에 많은 공헌을 했어요. 저는 제가 한인회장 할 때 2013년 한독수교 130주년이었는데, 함부르크를 중심으로 한국주간이라고 열흘 동안 한국문화를 다방면으로 알리는 행사를 했어요. 한국영화제, 한식 홍보도 했어요. 부시장도 참여하고, 부산시립 국악관현악단도 40명 한국에서 와서 공연을 했어요."

(김용진, 1949년생)

"1973년에 함부르크로 왔는데 태권도 선배님이 미국으로 가시면서 제자를 나한테 맡겼어요. 그때부터 여기서 태권도장을 운영해왔고, 태권도 이론화를 위해 공부를 많이 했어요. 그리고 덴마크, 스웨덴에도 제가 태권도를 보급했습니다. 덴마크에 주말에 가서 태권도 도장 운영이라든지 혹은 태권도 이론 등에 관해 교육을 했습니다." (황용식, 1944년생)

---

5 '재독한인글뤽아우프회'는 1973년 12월에 창립된 단체로 1963~1977년까지 파독 된 광산근로자만 회원 자격이 되는 친목단체다. 중부 지역, 베를린 지역, 북부 지역(함부르크), 남부 지역(뮌헨)의 4개 지역 협의체가 구성되어 있다.

그림 4.5 신부영 태권도 사범

파독 광산근로자 출신으로 제22대, 제23대 재독 함부르크 한인회장을 역임했고, 독일을 비롯한 유럽 지역 태권도 보급에 크게 기여했음.

그림 4.6 신부영 태권도 사범이 운영하는 함부르크 소재 '화랑 태권도장'

4
파독 광산근로자의 노후 생활

고령사회의 일반적인 연령 기준은 65세로 총인구 기준으로 65세 이상 인구 비율이 20% 이상인 경우 후기 고령사회 또는 초고령사회로 분류하는데, 독일의 경우 이미 2008년 이후 후기 (초)고령사회에 진입했다(이승현, 2014). 1960~1970년대에 20~30대의 젊은 나이에 독일로 향했던 한국 출신 파독 인력도 어느덧 평균 70세가 넘는 노년기에 이르렀다. 한인 디아스포라 노령층 간에도 거주국의 노후 정책, 복지혜택과 의료서비스 시스템이 상이하고 이에 따라 노후 생활의 질에 영향을 받는다.

면담자들은 거주 형태 면에서 4명은 독거, 2명은 대가족(배우자, 자녀, 손자녀와 동거) 형태였다. 하지만 대부분(약 82.8%)은 장성한 자녀들이 분가하고 배우자(재혼 포함)와 같이 거주하고 있었다. 독일문화권에서 성장한 자녀들은 다른 독일 청년들과 마찬가지로 성인이 되면 독립적인 주거공간을 가지게 된다고 한다.

다음으로 경제활동 면에서 4명은 계속 개인사업체(호텔, 태권도장, 식품점, 물리치료소)를 경영하고 있었고 1명은 한인사업체 직원으로 근무하고 있었지만, 대부분(약 85.7%) 은퇴한 상태로 경제활동은 거의 전무했다.

연금이 주 소득원이었는데 연금은 계속 직장생활을 한 경우 1천 유로 이상이었지만, 중간에 퇴직금 형태로 연금을 미리 받았거나 자영업에 주로 종사한 경우에는 현재 연금액이 매우 적었다. 맞벌이하지 않았다면 가계의 현재 수입은 더욱 적었다.[6]

"정식으로 연금으로 하지 않고 제가 한국을 가려고 생각을 했기 때문에 중간에 일시불 퇴직금으로 만들었어요. 당시에는 이자율이 높아서 그게 좋았었는데 지금은 연금이 적습니다." (안지호, 1946년생)

일반적으로 독일에서는 65세가 지나야 노령연금을 지급받게 되며, 이때부터가 노년기의 시작으로 본다. 연금은 노동기 자기 수입의 일부분을 적립한 기여금의 총액과 상관이 있기 때문에 대체로 젊었을 때의 고소득자에게 더 높은 연금 수입이 있다(유공순, 1998). 또한, 기여한 기간과 과거에 종사하던 직종에 따라서도 연금액에 차이가 있다. 소득수준이 다른 직종에 비해 좋은 편인 공무원이나 사무직 근로자의 경우 최종 월급의 약 75%에 달하는 연금을 받고 있어 노년기의 물질적 여건도 상대적으로 양호한 편이다(임춘식 외, 2005). 노령연금이 노인

---

6 파독 인력의 연금과 관련해서 한국파독광부총연합회(2009)에서는 25~30년을 근무한 경우 연금이 700~800유로 정도이며, 35년 이상 근무하여 1천 유로를 받는 이는 매우 드물다고 한다. 이영석(2014)에서는 파독 근로자들의 실수령 연금 소득이 대체로 800유로 정도(±400유로) 된다고 한다.

의 경제적 소득에 가장 중요한 원천이지만, 이것만으로는 생활이 어려운 저연금 노인을 위해 사회부조(Sozialhilfe)를 통해 최소한의 경제적 보장과 노후 생활 보장이 이루어져 있으며 건강하지 못한 노인에게는 별도로 간호보험에서 관여하고 있다(임춘식 외, 2005).

이영석(2014)은 재독한인 1세의 늦은 취업, 조기 은퇴 등으로 연금 액수가 독일인 평균 연금에 비해 상대적으로 낮다고 분석하고 있다. 또한, 사회보험의 보험금이 급여액을 기준으로 징수되고 연금보험의 경우 납부한 보험금에 따라 지급받는 연금 급여액에 차등이 발생한다(이승현, 2014). 즉, 직업 활동기의 소득 상황이 노년기까지 이어지는 것이 일반적인데, 재독한인 1세 사이에 사무직이 드물고 대부분 노동직에 근무했기 때문에 생계 활동기에 고소득층이었던 독일인에 비해 연금액도 적은 편이다.

> "직장생활에 있어서 한인들은 연령이 많아서 독일에서 일을 하기 시작했기 때문에 독일 사람보다 연금이 적어요." (이덕희, 1934년생)

면담자 중 1명은 저소득층 정부 보조를 받고 있었고 부부 합산 연금액이 850유로인 경우도 있었지만, 드물게 단독으로 2천 유로 이상의 연금을 수혜하거나 연금 외에 여타 수입원(임대료, 자영업 소득)이 있기도 했다. 대부분 유사한 사회경제적 이민 경험을 했지만, 소수는 개인사업으로 성공하는 등 약간의 경제적 계층의 분화가 이루어져 현재 노후 생활에 차이가 있었다.

노년기의 연금과 재산 외에 물질적 여건의 보장에 도움이 될 수 있는 것으로는 다른 생계 활동이나 배우자 및 자녀의 부양 능력 등을 꼽을 수 있다(임춘식 외, 2005). 1977년 파독 되어 3년간 광산에서 일한 후 1981년부터 2007년까지 육류가공공장에서 근무한 면담자 홍원석은 경제적으로 자녀의 도움을 받고 있었다.

> "애(자녀)들이 안 보태주면 못 살아요. 전 970유로 정도 연금 받아요. 부인은 와서 독일 학교 다녀서 간호사로 10년 일했는데 연금이 많지가 않아요. 애들이 조금씩 보태줘요. 집세가 800유로 나가고, 애들이 250유로씩 줘요. 둘이서 500유로. 예금은 없어요." (홍원석, 1943년생)

서문진희(2013)는 광산근로자와 간호사로 독일 사회에 진출한 1세대는 젊어서는 고국의 가족에게 송금하고, 가족을 이루고 난 다음에는 자녀교육을 위해 투자하여 재산 형성이 용이하지 않았다고 분석한다.

나라마다 이민사회의 역사와 규모가 상이하고, 인구 규모에 따라 한인사회 기관이나 조직 수와 역량에서도 차이가 있을 수 있다. 한인사회가 상대적으로 큰 북미의 경우에는 재외한인사회를 기반으로 조직된 단체와 기구가 많고 노인층에 특화된 단체와 공간이 마련되어 있다. 북미 지역에 비해 독일에는 전체 한인의 규모가 적을뿐더러 코리아타운이 부재함으로써 단체는 많지만 한인을 위한, 특히 한인 노령층을 위한 기반시설 및 복지 편의 시설과 공간이 미비한 편이다. 한인 식당과 교회 및 성당이 한인 행사와 친목의 주요 장소 역할을 하고 있다.

> "독일에는 코리아타운은 없어요. 뒤셀도르프 중앙역 근처에 한인마트가 있다고 들었어요. 한인 행사 있을 때는 한국식당에서 모여요. 그런데 앞으로 우리 교회에서 자주 친목 모임을 하려고요. 당구대도 있어요. 평일에 모일 수 있게 가라오케도 차려놓으려고요. 여기는 노인정이 없어요.

그래서 한인들이 교회에 안 다녀도 올 수 있게 공간을 마련하려고 하고 있어요." (홍원석, 1943년생)

"한국 영구 귀국 계획이 있으신가요?"라는 질의에 3명은 상황이 된다면 한국에서 살고 싶다고 했지만, 대부분 연구참여자는 한국을 일시 방문하고는 싶지만 독일에서 노년을 보내기를 선호했다. 그 이유 중에는 자녀들과 손자녀들이 독일에 있고, 한국에서의 문화 차이, 한국 귀환으로 인한 경제적 부담 등이 포함되어 있다.

"다들 고향에 대한 향수가 많습니다. 50년 넘게 독일에 살아도 고향을 그리워합니다. 한국에 가고 싶어 합니다. 그런데 벌어놓은 돈도 적고 연금도 적은데 어떻게 한국을 가요? 여기 있으면 의료보험 혜택도 다 되는데요." (송치원, 1948년생)

무엇보다 재독한인은 거주국의 의료수준이나 의료서비스에 대해 비교적 우호적인 평가를 하고 있었고, 독일의 의료혜택이 좋은 편이고 의료비에 대해 큰 부담을 가지고 있지는 않은 듯했다.[7] 또한, 독일 한인 차세대 중에는 의료업 관련 종사자들이 많아서 그 네트워크를 통해 진료나 치료를 받기도 한다고 한다.

"독일 병원에서는 불편한 게 없어요. 거주 지역의 주치의가 각 개인에게 모두 배정이 되어 있어서 전부 정기검진을 받아야 해요. 주치의가 허가

---

[7] 독일 질병보험제도 하에서는 2004년 도입된 분기당 10유로의 '진료기관 이용료'와 최대 10유로의 의약품 본인부담금 등 일부를 제외하고는 의료비가 전액 무료다(구본규, 2019).

를 해줘야지 감기약도 먹을 수 있고, 더 큰 병은 주치의가 더 큰 병원으로 소개해줘요." (안지호, 1946년생)

재독한인은 독일 시민 혹은 영주권자로서 독일 정부로부터 기본적인 사회보장을 받고 있으며 대부분 독일에서 노후를 보내고자 하기 때문에 독일 현지에 기반한 재독한인 노인층을 위한 지원이 강구되어야 할 것이다. 현재로서는 독일 정부 차원의 연금이나 사회보장 외에 재독한인의 건강과 복지를 위한 활동으로는 한국국제보건의료재단 위탁사업, 대한노인회 독일지부와 여타 재독한인 단체에 의한 정기적 혹은 간헐적인 지원이 있다. 2013년부터 한국국제보건의료재단은 파독 근로자 출신 독거노인 및 환자 대상 방문간호서비스 제공과 독일 수발보험 수혜를 위한 행정지원, 건강교육세미나, 한방워크숍 등의 프로그램을 운영하고 있다.[8] 그리고 2016년부터는 대한노인회 독일지회가 창립되어 활동하고 있고, 재독한인총연합회 차원에서 한인 독거노인 가정에 생필품을 전달하기도 한다(전성준, 2021).

---

[8] '한국국제의료보건재단'은 한국국제보건의료재단법에 근거를 두고 설립된 단체로 법 제1조에 재외동포 등에 대한 보건의료 지원사업을 수행함을 목적으로 하고 있다. 재외동포 보건의료 지원사업으로 '러시아 사할린 잔류 1세대 동포 의료지원사업', '우즈베키스탄 고려인 독거노인 요양원 지원사업'과 함께 2013년 12월부터 '독일 파독 근로자 보건의료지원사업'을 수행해오고 있다(한국국제의료보건재단: https://www.kofih.org/projects/overseas-koreans, 검색일: 2023. 3. 31).

그림 4.7 파독 광산근로자 1차 1진 우동천 전 재독 함부르크 회장과 조영희 사모

파독 광산근로자의 삶과 글로벌 모빌리티

5
맺음말

　이 글에서는 생애사적 접근을 통해 파독 광산근로자의 이주사와 정착 경험을 조명하고 노후 실태에 대해 살펴보았다. 이를 통해 타 지역에 비해 선행연구가 미진한 재독한인사회에 관해 고찰했다.

　재독한인사회는 애초 계약노동자로 파견되었던 파독 근로자들이 임기 만료 후에도 계속해서 영주함으로써 형성되었다. 독일에 잔류한 파독 광산근로자들은 한인 간호사와의 결혼, 혹은 직장 등의 이유로 근무하던 광산이 있던 지역을 떠나 독일 내에서 재이주하기도 했다. 소수는 계속 광산에서 일했지만 대부분 광산을 나와서 타 직종으로 전환했고, 자영업을 경영하기도 했다. 파독 인력은 독일 현지에서 민간 외교사절단 역할을 했고, 그 자녀들의 교육에 힘써서 재독한인 2세의 교육적·직업적 성취도가 매우 높은 편이다. 이 글에서는 고령화한 전직 파독 광산근로자들의 노후 실태에 관해 조사했고 그 결과를 바탕으로 다음과 같은 제언을 하고자 한다.

2008년 진실·화해를위한과거사정리위원회는 파독 근로자들이 임금 일부를 고국으로 송금함으로써 한국 경제발전에 기여했고 독일에서의 경력 후 제3국으로 진출해 재외한인사회 형성과 발전에도 기여했다는 사실을 규명했다(고영민, 2015). 또한, 2020년 열린 제20대 국회 본회의에서 「파독광부·간호사·간호조무사에대한지원및기념사업에관한법률(약칭: 파독광부간호사법)」이 통과되었다.[9] 이에 재독한인 단체들은 「파독광부간호사법」 시행에 대한 기념사업 수요조사를 실시하여 재독한인의 의견을 수렴하기도 했다(나복찬, 2020). 독일에 지역 한인 기념관 겸 복지관 건설, 역사자료 수집과 전시, 독일 내 한인 전용 양로원 마련, 파독 인력 한국 방문 시 숙박시설 등이 제안되었다.[10] 이 외에도 본 연구조사에는 무엇보다 면담자들이 모국방문에 대한 지원을 원하고 있었는데, 고령화와 경제적 이유로 인해 모국방문 기회가 점점 제한될 것으로 예상되어 파독 인력에 대한 모국초청을 위한 방안들이 모색되어야 할 것이다. 또한, 한국 체류 시 독일 의료보험 적용과 65세 이상 교통비 혜택에 대한 의견도 있었다.

「파독광부간호사법」에 기초하여 전 세계 파독 근로자들의 실태조사가 이루어져 지원책이 마련되어야 할 것이다. 그리고 예산상의 사유로 모든 파독 근로자를 대상으로 일괄적으로 의료지원이나 경제

---

9 2020년 6월 「파독광부·간호사·간호조무사에대한지원및기념사업에관한법률」, 일명 「파독광부간호사법」이 통과돼 1년이 경과한 2021년 6월부터 시행할 수 있게 됐다. 법안에 담긴 기념사업으로는 ▲기념관 건립 및 각종 기념사업 ▲역사적 자료의 수집·보존·관리·전시 및 조사·연구 ▲교육 홍보 및 학술활동 ▲국제교류, 공동조사 등 국내외 활동 ▲그 밖에 사업에 부수되는 사업 등을 할 수 있도록 명시돼 있다(김현진, 2021).

10 2021년 10월 강원도 양구군에 재독교민쉼터가 세워졌고 파독 인력 및 배우자, 직계비속들이 이용할 수 있다(배정숙, 2021).

적 지원을 하지 못한다면 극빈층에 속한 동포들을 우선 배려하고 이들에 대한 복지정책을 펼쳐야 한다. 그리고 파독 근로자에 관한 역사 자료의 수집과 보존, 학술 활동 또한 더욱 활성화될 수 있기를 바란다. 파독 근로자 당사자들에 의한 파독 이주사의 역사화 작업이 진행되고 있었지만, 더욱 많은 연구가 진행되고 구술사 작업 또한 이루어져야 할 것이다. 필자는 현지 조사 기간 중 독일 에센에 소재한 파독광부기념회관(한인문화회관)을 방문하여 재독한인의 안내를 받으며 동포역사 자료실 등 관계시설을 살펴보았다. 풍부하게 수집된 파독 인력 이주사와 관련된 전시품이 더욱 체계화되고 안내문도 한글뿐 아니라 독일어

그림 4.8 파독광부기념회관(한인문화회관) 앞에서 고창원 파독 산업전사세계총연합회 회장과 윤행자 재독한인간호협회 고문

와 영어로 병기되어 재독한인 차세대, 그리고 독일 현지인을 위한 이주 및 다문화 교육공간으로서 기능할 수 있도록 하는 작업이 더욱 진행되어야 할 것이다. 나아가 한독관계, 독일의 광산산업역사, 재독한인 이민사에서도 그 위치를 재정립할 수 있는 공간으로 자리매김해야 할 것이다.

2007년 12월 17일 독일 에센 지역에 재독한인의 숙원이던 파독광부기념회관이 설립되어 재독한인의 집결지 역할을 해왔다. 독일에는 파독광부기념회관 외에도 한인 단체는 많지만, 코리아타운이 부재하고 한인을 위한 공간적 인프라가 상대적으로 부족한 편이다. 한인교회와 성당 같은 종교기관을 중심으로 한인사회가 형성되고 있는데, 그나마 한인 성당이 없는 지역에서는 미사를 보기 위해 인근 도시의 한인 성당으로 장거리 이동을 하고 있다. 노년의 한인이 교류하고 친목을 다질 수 있는 민족적 공간을 마련할 필요가 있다.

파독 근로자 동포 1세에 대한 지원사업을 펼치고 이를 한국 정부의 동포 정책의 본보기로 삼는다면 이에 대한 파급력이 차세대에게도 있을 것이다. 재외한인 차세대 정책과 한인 1세대에 관한 정책은 결코 별개가 아니다. 결국 '가족' 혹은 한인사회 내의 단체나 조직으로 연결되기 때문에 고령의 재외한인 1세대 지원은 차세대 한인의 한인으로서의 정체성과 모국에 관한 관심을 고양하고 차세대와 한국의 관계를 더욱 돈독하게 할 수 있는 계기가 될 수 있을 것이다. 이 글은 파독 광산근로자, 독일 한인 이주사, 재외한인 1세대의 고령화에 대한 다각적이고 심층적인 이해를 도모했다.

그림 4.9 독일 에센 소재 파독광부기념회관 내 동포역사자료실 전시품

그림 4.10 2019년 파독광부기념회관 내에 세워진
'파독 산업 전사 기념비'

참고문헌

단행본

국사편찬위원회. 『유럽 한인의 역사(상)』. 국사편찬위원회, 2012.

_____. 『유럽 한인의 역사(하)』. 국사편찬위원회, 2013.

나혜심. 『독일로 간 한인 간호여성』. 산과글, 2012.

노명환 외. 『독일로 간 광부 간호사: 경제개발과 이주 사이에서』. 대한민국 역사박물관, 2014.

문영석. 『캐나다 이민연구』. 강남대학교 출판부, 2005.

민병용. 『LA코리아타운과 한국의 날 축제: 인간 김진형의 꿈』. 로스앤젤레스: 한인역사박물관, 2017.

박형만. 『향기로운 나의 인생: 서독광부의 아메리칸 성공 이야기』. 로스앤젤레스: 만희복지재단, 2014.

성유나. 『시카고 가이드』. 시카고: 시카고중앙일보, 2005.

송광호. 『캐나다 이민20년 한국인이 뛰고 있다』. 朝鮮日報社, 1991.

송명희. 『캐나다한인문학연구: 캐나다한인들의 디아스포라의 경험과 진솔한 삶의 기록』. 지식과교양, 2016.

시카고 한인사 출판위원회. 『시카고 한인 이민사: 1893-2012년』. 코람데오, 2012.

양동양 외. 『(라인강 기적을 한강기적으로) 파독 50년사: 광부 · 간호사 · 간호조무사: 1963-2017』. 한국파독광부 · 간호사 · 간호조무사연합회, 2017.

여동원. 『이민낙서』. 太陽出版社, 1980.

유정숙. 『독일 속의 한국계 이민자들: 이해관계 대변과 자치조직 연구』. 당대, 2017.

윤광일 외. 『이민자 네트워크 해외사례 및 국내적용방안 연구』. 법무부, 2016.

윤인진. 『코리안 디아스포라: 재외한인의 이주, 적응, 정체성』. 고려대학교 출판부, 2004.

이광규. 『재외동포』. 서울대학교 출판부, 2000.

이규용 외. 『이민정책의 국제비교』. 한국노동연구원, 2015.

이영아. 『미국 땅에 심은 한국: LA 코리아타운 초기 인사들의 도전과 성공』. 뿌리출판사, 2002.

이희덕. 『코메리칸의 메아리』. 양정사, 2006.

임춘식. 『외국의 고령화 사회 대책 추진체계 및 노인복지 정책 분석』. 한남대학교 사회과학연구소: 보건복지부, 2005.

장선미 외. 『재미한인 기업의 경영활동』. 북코리아, 2006.

재독동포50년사편찬위원회. 『재독동포 50년사: 1963-2013』. Essen: 파독산업전사세계총연합회; 한국고용복지연금연구원, 2015.

재독한인 Gluck Auf 친목회. 『파독광부 30년사』. Essen: 재독 한인 Gluck Auf 친목회, 1997.

재독한인글뤽아우프회. 『파독광부 45년사: 1963-2008』. 재독한인글뤽아우프회, 2009.

재외동포재단. 『2012 재외동포 문학의 창: 제14회 재외동포 문학상 수상집』. 재외동포재단, 2012.

정성화. 『박정희 시대와 파독 한인들』. 선인, 2013.

최재웅. 『인물이민사: 올드타이머』. 로스앤젤레스: 한국일보사, 1992.

최협·박찬웅. 『세계의 한민족: 미국·캐나다』. 통일원, 1996.

토론토한인회. 『캐나다 한인사』. 토론토: 토론토한인회, 2013.

한·유럽연구회. 『유럽 한인사: 프랑스와 독일을 중심으로』. 재외동포재단, 2003.

한국파독광부총연합회. 『(외화벌이의 첫 삽을 뜬) 파독광부 백서: 한강기적을 위한 첫 주역 45년』. 한국파독광부총연합회, 2009.

행정자치부 국가기록원. 『기록으로 보는 재외한인의 역사: 이주와 정착 그리고 발전의 시간들: 유라시아·유럽』. 행정자치부 국가기록원, 2015.

허성태·임영언. 『글로벌 디아스포라와 세계의 한민족』. 북코리아, 2014.

Foner, Nancy, ed. *American Arrivals: Anthropology Embraces the New Immigration*. Santa Fe, New Mexico: School of American Research Press, 2003.

Kim, Illsoo. *New Urban Immigrants: The Korean Community in New York*. Princeton, N.J.: Princeton University Press, 1981.

Kim, Katherine Yungmee. *Los Angeles's Koreatown*. Arcadia Publishing, 2011.

Light, Ivan and Edna Bonacich. *Immigrant Entrepreneurs: Koreans in Los Angeles, 1965-1982*. University of California Press, 1988.

Park, Kyu Young. *Korean Americans in Chicago*. Arcadia Publishing, 2003.

Portes, Alejandro, ed. *The Economic Sociology of Immigration: Essays on Networks, Ethnicity, and Entrepreneurship*. New York: Russell Sage Foundation, 1995.

Siu, Lok C. D. *Memories of a Future Home: Diasporic Citizenship of Chinese in Panama*. Stanford, Calif: Stanford University Press, 2005.

Yoon, Won K. *Global Pulls on the Korean Communities in Sao Paulo and Buenos Aires*. Lanham: Lexington Books, 2015.

논문

강희영. 「한국사회에서 구소련권 한인의 수용과 배제에 관한 연구: 유학입국여성의 인터뷰에 나타난 법적 지위와 현실을 중심으로」. 『법학논총』 30(1), 2013, 133-157쪽.

구본규. 「진단은 한국에서, 수술과 재활은 독일에서: 귀환재독한인들의 초국적 건강관리 전략과 가치의 경합」. 『디아스포라 연구』 13(1), 2019, 7-58쪽.

김광정 · 김신. 「시카고 한인사회」. 한미동포재단. 미주 한인이민 100주년 남가주 기념사업회. 『한인이민 100년사: 아메리칸 드림을 찾아서』. 한미동포재단; 미주 한인이민 100주년 남가주 기념사업회, 2002, 358-382쪽.

김기선. 「독일의 이민정책과 이민정책 추진체계」. 『노동법논총』 37, 2016, 111-158쪽.

김백영. 「소수민족 혼성 거주지에서 초국적 개발주의의 거점지로: 로스앤젤레스 코리아타운 변천사에 대한 공간사회학적 연구」. 『사회와 역사』 120, 2018, 235-276쪽.

김범중 · 이홍직. 「미국 이주 한인노인의 정신건강에 영향을 미치는 요인에 관한 탐색: 인구사회학적 특성과 사회자본 특성을 중심으로」. 『스트레스硏究』 18(4),

2010, 315-325쪽.

김왕배. 「시카고 코리아타운의 텍스트 해석」. 『공간과 사회』 17, 2002, 168-192쪽.

김용찬. 「여성노동자 국제 이주와 이주 수용국가에서의 조직화의 관계 연구: 한인 여성노동자의 독일 이주와 조직화 사례 분석」. 『社會科學研究』 15(1), 2007, 182-216쪽.

김진영. 「로스앤젤레스 코리아타운의 발전과 한국문화」. 임영상 외. 『코리아타운과 한국 문화』. 북코리아, 2012, 33-52쪽.

김학선 외. 「해외 취업 간호사의 나이듦: 파독간호사를 중심으로」. 『한국직업건강간호학회지』 20(2), 2011, 185-194쪽.

김환기. 「캐나다 코리안 이민사회의 형성과정과 문학의식」. 『한국문학연구』 54, 2017, 151-186쪽.

_____. 「재독 코리안 이민사회의 형성과 문화/문학지형 고찰: 파독 광원/간호사와 『재독한국문학』을 중심으로」. 『동악어문학』 79, 2019, 133-167쪽.

나혜심. 「독일 한인 사회의 형성과 발전」. 국사편찬위원회. 『유럽한인의 역사(상)』. 국사편찬위원회, 2012, 142-166쪽.

_____. 「유럽 재외한인 이주사: 구한말-현재」. 행정자치부 국가기록원 편. 『기록으로 보는 재외한인의 역사: 이주와 정착 그리고 발전의 시간들(3권)』 국가기록원, 2016, 110-196쪽.

노화봉·정남기. 「독일의 자영업자 현황 및 지원정책 분석」. 『經商論叢』 35(1), 2017, 1-15쪽.

류주현. 「토론토 코리아타운의 형성 과정」. 『한국도시지리학회지』 21(3), 2018, 47-62쪽.

문영석. 「초기 이민 역사와 이민 사회의 형성(1965-1990)」. 국사편찬위원회. 『북미주 한인의 역사(상)』. 국사편찬위원회, 2007a, 355-375쪽.

_____. 「캐나다 한인 이민 사회의 성장과 변화(1990-현재)」. 국사편찬위원회. 『북미주 한인의 역사(상)』. 국사편찬위원회, 2007b, 376-409쪽.

민병갑. 「재미교포 연구」. 윤인진 외. 『재외한인 연구의 동향과 과제』. 북코리아, 2011, 275-338쪽.

박경용. 「파독 광부의 디아스포라 노동 경험에 대한 내러티브 탐색: 탄광의 막장 안과 밖에서」. 『다문화와 디아스포라연구』 13, 2018, 139-182쪽.

_____. 「디아스포라 경계 넘기와 독일 광부 되기: 1960년대-1970년대 파독 광부를 중심으로」. 『다문화와 평화』 13(2), 2019, 83-106쪽.

박우서·조문석.「노인복지서비스의 인지 및 이용수준에 관한 연구: LA 지역 한인 노인들을 중심으로」.『社會科學論集』41(2), 2010, 15-39쪽.

박재영.「파독 간호사·광부의 독일정착과 삼각이민 연구」.『다문화콘텐츠연구』15, 2013, 335-364쪽.

박정선·김바바라.「로스앤젤레스(LA) 한인사회와 축제」. 임영상·주동완 외.『코리아타운과 축제』. 북코리아, 2015, 39-76쪽.

박채순.「아르헨티나 한인 동포의 再移住에 관한 연구」.『이베로아메리카』11(2), 2009, 233-268쪽.

배진숙.「전직 파독광부의 재미한인사회 형성과 발전 기여에 관한 연구: 시카고와 로스앤젤레스 사례를 중심으로」.『다문화와 평화』13(3), 2019a, 86-116쪽.

_____.「파독광부의 미국으로의 재이주와 직업변천 추이에 관한 연구: '훤한 지상에서 못할 일은 없었다.'」.『다문화콘텐츠연구』32, 2019b, 263-302쪽.

_____.「모빌리티 극대화 전략으로서의 재이주: 파독광산근로자의 캐나다 진출과 한인사회에의 기여」.『다문화콘텐츠연구』15(1), 2021, 29-58쪽.

서문진희.「파독근로자 한인노인들의 기독교신앙 인식에 관한 질적 연구」.『교회사회사업』24, 2013, 7-48쪽.

_____.「독일남성과 결혼한 파독여성의 생활경험에 관한 현상학적 연구」.『한국사회복지질적연구』9(3), 2015, 149-173쪽.

손신 외.「뉴욕시 거주 한인 노년층 이민자들의 심리적 안녕감에 영향을 미치는 문화적응과정상의 요인들에 관한 연구」.『노인복지연구』38, 2007, 79-108쪽.

심영아.「〈김씨네 편의점〉에 나타난 인종 스테레오타입 해체 양상 연구」.『한국예술연구』25, 2019, 161-182쪽.

심창섭·강형철.「관광자원으로서 에스닉타운에 관한 개념적 고찰」.『관광연구논총』29(1), 2017, 3-19쪽.

양영자.「이주여성의 생애사에 재현된 젠더의 구성과정: 재독한인여성의 생애사를 중심으로」.『한국사회복지학』64(2), 2012, 325-354쪽.

_____.「재독한인 노동이주남성의 젠더 정체성」.『한국사회복지학』65(3), 2013, 79-106쪽.

_____.「재독 한인 광산노동자의 생애 이야기 재구성: 내러티브 정체성을 중심으로」.『비판사회정책』49, 2015, 281-329쪽.

유공순.「독일 노인복지(老人福祉)서비스 현황(現況)과 문제점(問題點)」.『노인복지연구』2, 1998, 304-334쪽.

유영식·유재신.「캐나다 한인의 이민사」.『캐나다연구』 4, 1992, 55-72쪽.

유진영.「직업훈련생으로서 파독 광부·간호 인력의 교육 및 재자격화 고찰연구」. 노명환 외,『독일로 간 광부 간호사: 경제개발과 이주 사이에서』. 대한민국역사박물관, 2014, 151-221쪽.

윤용선.「1960-70년대 파독 인력송출의 미시사: 동원인가, 선택인가?」.『사총』 81, 2014, 421-450쪽.

윤인진.「코리아타운의 형성과정과 재미한인사회 연구방법」. 국사편찬위원회.『재외동포사회의 역사적 고찰과 연구방법론 모색』. 국사편찬위원회, 2005, 1-42쪽.

_____.「코리아타운의 형성과 발전」. 국사편찬위원회.『북미주 한인의 역사(상)』. 국사편찬위원회, 2007, 162-190쪽.

_____.「북미 재외한인 이주사: 광복 이후-현재」. 행정자치부 국가기록원.『기록으로 보는 재외한인의 역사: 이주와 정착 그리고 발전의 시간들(2권)』. 국가기록원, 2016, 150-255쪽.

이병렬.「독일한인 사회의 형성」.『열린전북』 2, 2004, 128-139쪽.

이수자.「지구화와 이주과정에서 발현되는 문화혼성성: 재독 한인여성과 재한 외국인여성의 문화적응 비교분석을 중심으로」.『한독사회과학논총』 16(2), 2006, 191-228쪽.

이승현.「독일의 노령연금제도와 노인빈곤층 현황」.『국제노동브리프』 11월호, 2014, 62-75쪽.

이영남.「코리안 디아스포라, 독일속의 한국인: 파독 광부와 간호사」.『독일어문학』 128, 2013, 293-307쪽.

_____.「석탄과 제철이 남긴 문화유산: 루르지역의 산업문화: '산업문화 탐방로'를 중심으로」.『뷔히너와 현대문학』 53, 2019, 207-227쪽.

이영석.「재독일 교민의 한국에 대한 기억」.『독일어문학』 40, 2008, 327-348쪽.

_____.「파독 근로자의 국가 발전에 대한 기여 담론과 국가적 예우」.『독일어문학』 64, 2014, 219-240쪽.

이영석·박재홍.「재독일 교민의 역이주와 귀향 의식에 대한 연구: 남해군 '독일마을' 입주 교민들의 경우」.『독일교육』 36, 2006, 443-480쪽.

이영조·이옥남.「1960년대 초 서독의 대한 상업차관에 대한 파독근로자의 임금 담보설의 진실」.『한국정치외교사논총』 34(2), 2013, 171-194쪽.

이용구.「캐나다 이민의 선구자 역할」. 재독동포50년사편찬위원회.『재독동포 50년사: 1963-2013』. Essen: 파독산업전사세계총연합회; 한국고용복지연금연구원,

2015, 169-170쪽.

이용일. 「트랜스내셔널 한·독 교류사를 위한 '인정투쟁': 사회적 템포 유지를 위한 완충 노동력으로서 한국인 광부의 독일이주노동사」. 『독일연구』 28, 2014, 69-97쪽.

이장섭. 「독일한인의 일상생활문화 연구」. 서울대학교 인류학연구회. 『한국인류학의 성과와 전망』. 집문당, 1998, 471-493쪽.

이종구. 「재일동포 고령사의 복지와 지역운동」. 『국제지역연구』 12(3), 2003, 1-22쪽.

이희영. 「이주 노동자의 생애 체험과 사회 운동」. 『사회와 역사』 68, 2005, 281-318쪽.

조문기·장세철. 「재일코리안 고령자를 위한 케어지원활동에 관한 연구」. 『日本文化學報』 59, 2013, 319-339쪽.

최병두. 「초국적 이주와 한국의 사회공간적 변화」. 『대한지리학회지』 47(1), 2012, 13-36쪽.

한재동. 「캐나다 한인 경제 공동체의 성장과 발전」. 국사편찬위원회. 『북미주 한인의 역사(하)』. 국사편찬위원회, 2007, 264-299쪽.

Bae, Jin Suk. "New York Koreans from Latin America: Education, Family, and Class Mobility." *Journal of British & American Studies*, 30, 2014, pp. 395-416.

_____. "Secondary Migration and Workplace Language Use among Korean Immigrants from Latin America." *Multi-Cultural Contents Studies*, 20, 2015, pp. 161-189.

Blakemore, Ken. "International Migration in Later Life: Social Care and Policy Implications." *Ageing and Society*, 19, 1999, pp. 761-774.

Bretell, Caroline. "Bringing the City Back in: Cities as Contexts for Immigrant Incorporation." In *American Arrivals: Anthropology Engages the New Immigration*, edited by Nancy Foner. Santa Fe: School of American Research Press, 2003, pp. 163-196.

Carlos, Maria Reinaruth D. "The Stepwise International Migration of Filipino Nurses and Its Policy Implications for Their Retention in Japan." *Afrasoam Researcj Center, Ryukoku University Phase 2, Working Papaer Series: Studies on Multicultura Societies*, 23, 2013, pp. 1-25.

Fagiolo, Giorgio and Gianluca Santoni. "Revisiting the Role of Migrant Social Networks as Determinants of International Migration Flows." *Applied Economics Letters*, 23(3), 2016, pp. 188-193.

Hatzidimitriadou, Eleni. "Migration and Ageing: Settlement Experiences and

Emerging Care Needs of Older Refugees in Developed Countries." *Hellenic Journal of Psychology*, 7(1), 2010, pp. 1-20.

Jo, Kwang Dong. "History of Korean Americans in the Chicago Metropolitan Area." In *Koreans in the Windy City: 100 Years of Korean Americans in the Chicago Area*, edited by Hyock Chun, et al. New Haven, Conn.: East Rock Institute for the Centennial Publication Committee of Chicago, 2005, pp. 13-35.

Massey, Douglas S. et al. "Theories of Migration: A Review and Appraisal." *Population and Development Review*, 19(3), 1993, pp. 431-466.

Park, Jiwon Tina. "From Strangers to Partners: Canadian-Koreane Relations (1888-1978)." PhD Disseration. Department of History, University of Toronto, 2018.

Park, Kyeyoung. "'10,000 Señora Lees': The Changing Gender Ideology in the Korean Diaspora as Reflected in the Clothing Industry." *Amerasia Journal*, 28(2), 2002, pp. 161-180.

Paul, Anju Mary. "Stepwise International Migration: A Multistage Migration Pattern for the Aspiring Migrant." *American Journal of Sociology*, 116(6), 2011, pp. 1842-1886.

Shin, Eui Hang and Kyung-Sup Chang. "Peripheralization of Immigrant Professionals: Korean Physicians in the United States." *International Migration Review*, 22, 1988, pp. 609-626.

Tsujimoto, Toshiko. "Affective Friendship that Contructs Globally Spanning Transnationalism: The Onward Migration of Filipino Workers from South Korea to Canada." *Mobilities*, 11(2), 2016, pp. 323-341.

Yu, Eui-Young. "Koreatown' Los Angeles: Emergence of a New Inner-City Ethnic Community." *Bulletin of the Population and Development Studies Center*, 14, 1985, pp. 29-44.

신문 기사

고영민. "파독근로자 예우 및 지원, 국민인식 제고가 먼저". 「월드코리안 뉴스」, 2015년 2월 26일자.

김현. "[인터뷰] 美 7항소법원 첫 한국계 판사 존 리 '넘어져도 다시 도전하세요'". 「연

파독 광산근로자의 삶과 글로벌 모빌리티

합뉴스」, 2022년 9월 21일자.

김현진. "韓경제 발전 근간 '파독 근로자' 홀대에… '물질적 지원, 기념공원 조성' 한목
소리". 「천지일보」, 2021년 6월 26일자.

나복찬. "파독산업전사세계총연합회, 창립 13주년 기념식 및 임시총회 개최". 「재외동
포신문」, 2020년 9월 15일자.

박홍률. "올림픽 전성시대서 8가 시대 거쳐 윌셔 시대로". 「미주 한국일보」, 2019년 1월
1일자.

배정숙. "프랑크푸르트서 양구군 재독 교민 쉼터 설명". 「재외동포신문」, 2021년 8월
30일자.

성진. "안이준 이사의 특별한 '인생여정' 인물연구 한미은행 33년 역사의 산증인". 「선
데이저널」, 2016년 1월 17일자.

우은식. "LA 코리아타운 개척자 이희덕씨 79세 일기로 별세". 「뉴시스」, 2019년 3월
22일자.

이상헌. "[출향인사] 안종식 뉴패션 그룹 회장". 「매일신문」, 2011년 6월 17일자.

이주현. "올림픽마켓 열어 LA코리아타운 역사를 만들다". 「미주 중앙일보」, 2016년 4월
4일자.

임명환. "파독광부 동우회 설날의 밤". 「미주 중앙일보」, 2013년 2월 12일자.

장병희. "파독 광부들의 한인사회 기여 대단". 「미주 중앙일보」, 2019년 1월 30일자.

전성준. "재독총연의 두 번째 '행복상자'… 취약계층에 생필품·마스크 전해". 「월드코
리안 뉴스」, 2021년 2월 11일자.

조욱. "더 늦기 전에 기록으로 남겨야: 파독광원 토론토 정착기 논문으로". 「한국일보」.
2020년 2월 13일자.

홈페이지

온타리오 한인실업인협회: https://www.okbacanada.com/(검색일: 2023. 3. 31)

배진숙

건국대학교 모빌리티인문학 연구원 HK연구교수로 재직하고 있다. 한국외국어대학교 영어학과에서 학사학위, 연세대학교 국제대학원 지역학과에서 석사학위, 그리고 미국 브라운대학교 미국학(American Studies)과에서 석·박사학위를 취득했다. 재외한인학회의 연구·편집이사로 오랫동안 활동해왔으며, 한국외국어대학교와 서강대학교에서 원어 및 우리말 강의를 했다. 저서로『디아스포라와 이동성(공저)』(2021),『세계 한인 정치·경제사(공저)』(2021),『모바일 공동체: 권리 정동 윤리(공저)』(2022), 논문으로「초국적 역사문화의 계승과 확산: 재미한인들의 3.1운동 및 대한민국임시정부 수립 100주년 기념사업」(2019),「재한 중남미동포 유학생의 사회적 네트워크에 관한 연구」(2018) 등이 있다.